中华传统美德教育丛书

智勇篇

ZHIYONGPIAN

编著⊙黄士平

智勇篇

长江出版传媒 | 湖北教育出版社

(鄂)新登字 02 号

图书在版编目(CIP)数据

智勇篇/黄士平编著.
—武汉:湖北教育出版社,2012.9(2020.11 重印)
(中华传统美德教育丛书)

ISBN 978-7-5351-1818-9
Ⅰ.智…
Ⅱ.黄…
Ⅲ.①品德教育-中国-通俗读物 ②故事-作品集-中国-当代
Ⅳ.①D64②I247.8

中国版本图书馆 CIP 数据核字(95)第 10852 号

ZHONGHUA CHUANTONG MEIDE JIAOYU CONGSHU ZHIYONG PIAN
出版发行 湖北教育出版社
邮政编码 430070 电 话 027-83619605
地 址 武汉市雄楚大道 268 号
网 址 http://www.hbedup.com
经 销 新 华 书 店
印 刷 天津旭非印刷有限公司
开 本 710mm×1000mm 1/16
印 张 9.75
字 数 160 千字
版 次 2012 年 9 月第 2 版
印 次 2020 年 11 月第 5 次印刷
书 号 ISBN 978-7-5351-1818-9
定 价 18.00 元

序

我们的国家是一个有着五千年悠久历史的文明古国。在漫长的历史长河中，中华民族的一代又一代人，用自己的聪明才智，创造了辉煌灿烂的历史文化，形成了极为丰富的中华传统美德。

这些美德曾经在我国社会历史发展过程中凝聚、教育和鼓舞了中华儿女，成为中华民族生存、发展的强大精神力量。这些宝贵的精神财富，例如在个人品德中的崇高志向、刚直正派、诚实守信、自强不息、节俭不奢、经挫不馁，在处理人与人关系中的尊老爱幼、邻里互助、扶困济贫、舍己为人，在社会公德中的敬业守职、尊师重教、奉公守法、礼貌谦让，在政治品德中的勤政爱民、秉公执法、自尊自强、爱国御侮等，时至今日仍然强烈地渗透在现实生活中，对人们的思想、行为起着不可忽视的重要作用。

中华传统美德是在长期的历史实践中逐步形成的，是社会主义思想道德的重要组成部分。毛泽东同志曾经说过："我们是马克思主义的历史主义者，我们不应当割断历史。从孔夫子到孙中山，我们应当总结，继承这份珍贵的遗产。"因此，加强对中华传统美德的研究，对中华儿女进行传统美德教育，是社会主义思想道德教育的一项重要内容，也是推动社会主义精神文明建设的有效途径。

青少年是祖国的未来和希望，肩负着建设社会主义现代化强国这一光荣而艰巨的历史使命。对他们来讲，了解中华民族的传统文化和美德不仅能帮助他们塑造优秀人格，而且有助于他们树立正确的理想、信念和人生观、价值观，把他们培养成为有理想、有道德、有文化、有纪律的社会主义事业接班人。这既是广大教育工作者的重要职责，也是社会各界的共同责任。

为了加强对青少年的思想品德教育，让广大青少年了解和熟悉中华传统美德，湖北教育出版社的同志提出了编辑出版《中华传统美德教育丛书》的选题，并具体组织了这套丛书的编撰工作。

这套丛书由一批长期从事青少年教育工作的同志撰写。他们经过调查研究，密切结合当前的实际和青少年思想品德教育的要求，在从上古到辛亥革命的历史跨度里，以中华民族的传统美德为主线，分10个专题，选择对青少年有教益、可读性强的人物故事，分别集结成册，并配以生动活泼、富于智慧的阅读提示，精心构思和编写了引导青少年思维发散和提升的“动脑筋”内容，以事论理，以情动人，全面、系统地介绍了中华民族传统美德的精华。

我相信，这套丛书将对青少年，尤其是中、小学生，在了解中华民族传统美德的基本内容，增强他们的民族自豪感和自信心，提高思想道德素质等方面必将起到很好的促进作用，也会对学校的思想品德教育产生积极的影响。

王重农

目录

contents

智勇篇

勇　敢

交相辉映的双子星座

（一）

中华民族是一个智慧和勇敢的民族。

如果说，中华民族的诸多传统美德犹如天空璀璨亮丽、光芒万丈的星辰，那么智慧和勇敢就如同交相辉映、光照千古的双子星座。

这样一种比喻，并不是说智慧和勇敢就如影随形，永远都是同时出现又一起消失的，而是想要表明，这两种美德之间的关系实在是太密切了，以至于提起智慧就会想到勇敢，而只要说起勇敢，智慧的话题也就翩然而至。

其实，天文学中的双子星座，是物理上完全分开的两颗子星；同样，智慧和勇敢在实际生活中也经常是独来独往的。然而一旦它们各自“孤军作战”，情况就有些不妙，甚至相当地糟糕了。

《晏子春秋》中有一个“二桃杀三士”的故事。说的是齐国的三个勇士公孙接、田开疆、古冶子，有一次得到齐景公送来的两个桃子，让他们计功分食。公孙接、田开疆先讲了自己的功劳，认为天下无人可比，各自拿了一个桃子。古冶子也自认为功劳最大，但轮到他摆完功劳时，桃子已经没有了，于是要公孙接、田开疆把桃子让出来，并且拔剑以示威胁。公孙接、田开疆交还了桃子，又觉得“不死无勇”（如果不死就不勇敢了），双双自杀身亡。古冶子见状，也觉得“不死无勇”，抽刀自尽。

这三个人勇敢倒是勇敢，只是有勇无谋，结果竟死于自己的勇敢。难怪孔夫子感叹说：“暴虎冯河，死而无悔者，吾不与也。”（《论语·述而》）（意思是说：空手和虎搏斗，冒险涉水过河，死了都不知道后悔的人，我是不和他在一起的。)《红楼梦》第35回也有“宝玉素厌勇男蠢妇”这样的描写。“勇男蠢妇”,真是把这有勇无谋的众生相活灵活现地勾勒了出来。

有勇无谋不好,有谋无勇也不可取。战国末期的思想家荀子早就指出:“所以知之在人者谓之知,知有所合谓之智。”(《荀子·正名》)(意思是说:人固有的认识客观事物的能力叫作智能,而人的认识能力用之于客观事物并且与客观事物相吻合,才算是智慧。)

诸葛孔明则是这样阐明“智用”的:“夫为将之道,必顺天、因时、依人以立胜也。故天作时不作而人作,是谓逆时;时作天不作而人作,是谓逆天;天作时作而人不作,是谓逆人。智者不逆天,亦不逆时,亦不逆人也。”(《诸葛亮集》)

这里的“智者不逆人”,意思比较显明:当客观条件已经具备的时候,就要勇敢地采取行动,将智慧施之于用武之地,不可忽略了智慧的作用。

总而言之,如果一个人只有敢作敢为,不怕危险、困难甚至死亡,而缺乏一盏智慧明灯的指引,那么这种无谋之勇不但不能成为什么善举幸事,反而还会给事业、他人和自身带来始料不及的严重后果;相反,如果只有智慧的美德而缺乏付诸行动的勇敢精神,那么尽管可以对事物作出正确无误的认识、辨析、判断,甚至神思飞越,创意无穷,然而由于是行动的矮子,或者虽有行动,但一遇困难和挫折便畏缩不前,他的智慧就不能转变为改造社会、造福人类的巨大财富。

当然,如果以有无智慧和是否勇敢加以全面考虑,那么,可以将勇敢和智慧划分为四种类型:有勇无谋、无勇有谋、无勇无谋、有勇有谋。前两种之不可取已如上述,“无勇无谋”则更是不必提起,唯一正确的选择只能是“有勇有谋”。

有勇有谋,智勇兼备,智勇双全,大智大勇——这一类成语,正是中华民族对如何运用智慧和勇敢这两种美德的精辟之见。

(二)

然而我们中华民族在这个问题上的思考并没有就此止步。

《史记》和《战国策》上都记载了这样一个故事:“卞庄子欲刺虎,馆竖子(旅店的小伙计)止之,曰:‘两虎方且食牛,食甘必争,争则必斗,斗则大者伤,小者死。从伤而刺之,一举必有双虎之名。’卞庄子以为然,立须之。有顷，两虎果斗，大者伤，小者死。卞庄子从伤者而刺之，一举果有双虎之功。”

卞庄子一看见老虎就要冲上去，的确是够勇敢的了，然而小伙计如果不劝阻他，其结果虽然难以预料，但完全可以想象。以武松那样勇武的打虎英雄，也只是对付一只老虎，而且有惊有险；而卞庄子要对付的却是两只老虎啊！

卞庄子最后之所以能够“一举果有双虎之功”，实在是多亏了旅店的那个小伙计的智慧。

楚汉相争中，也有一个这方面的故事。当时项羽和刘邦两军兵临广汉：“项王（项羽）谓汉王曰：‘天下匈匈数岁者，徒以吾两人耳。愿与汉王挑战决雌雄，毋徒苦天下之民父子为也！’汉王笑谢曰：‘吾宁斗智，不能斗力！’”

无论是从这个故事本身来看，还是从楚汉相争的最后结果来看，刘邦的确比项羽高明，高明之处就在于项羽只恃武力和勇气，而刘邦却既注意武力和勇气，更注重智慧和智谋。

智慧和勇敢两者之间的这种关系，在我们民族的谚语中早就有了许多准确、生动的说明。例如：

“力大只能胜一人，智多能够胜千军。”（汉族谚语）

“靠勇气能举千金，靠智慧能举万斤。”（蒙古族谚语）

此外，我们民族还特别重视智慧、勇敢这两种美德与道德之间的关系。《论语》中有许多这方面的精辟论述。例如：

“仁者不忧，知（同“智”）者不惑，勇者不惧。”（《子罕篇》《宪问篇》）

“见义不为，无勇也。”（《为政篇》）

“勇而无礼则乱。”（《泰伯篇》《阳货篇》）

“仁者必有勇，勇者不必有仁。”（《宪问篇》）

不难看出，仁（或道德）对智和勇是起导向甚至决定作用的。这种思想，荀子表述得也很明确。《荀子·非十二子》指出：“知而无法，勇而无惮……是天下之所弃也。”《荀子·性恶》则将勇分为上勇、中勇、下勇三种类型。三者的区别就在于：前两种勇遵“道”、守“仁”或讲“礼”，而下勇则不问是非，不管对错，完全没有“道”“仁”或“礼”的概念。

《国语·周语下》中记载了这样一件事：晋周在成为晋国国君之前曾流亡周国，侍奉单襄公。但单襄公就预见晋周“将得晋国”，并要自己的儿子顷公好好对待晋周。单襄公列举了晋周的11个优点，其中两条是：“智，文之舆也；勇，文之帅也。”

这里的“文”，指经天纬地的德行。因此这两句话的意思是说：智慧为装载德行的车马，而勇敢则是德行的率行者。因此也不难看出，智和勇是实现道德的工具和手段。

总之，将仁、智、勇三者并提，以之作为“天下之大德”（程颢、程颐语），是我们中华民族对智慧和勇敢问题的更进一步的觉悟和总结。毫无疑义，在历史上，这三个概念都得打上过去时代和阶级的烙印，特别是关于“仁”的理解，今天跟过去相比可以说是相去甚远了。然而，只要我们去其糟粕，取其精华，借用这些词汇，完全可以表达出适合当今时代和社会的全新内容。在这个基础上再来看“仁、智、勇”，便不难发现，三者之间相互关联、相互影响、相互制约的理论，在当前仍然是具有意义的。

（三）

上面所提到的，既是我们对智慧和勇敢这两种美德的理论思考，也是我们选编本书内容时所遵循的原则和标准。

虽然这40个故事按智慧和勇敢这两种类型各分为20篇，但很多故事的确是“智勇兼备”的，40个故事中的主人公无一不是“智勇双全”的人物，只是因为受到篇幅的限制而只能突出智或勇的一个方面。因此，不能将它们误认作是“有谋无勇”或“有勇无谋”。

特别有意思的是，在编写《明察秋毫》故事时，我们想到了《旧约·列王纪上》中一个类似的记载：

一日，两位妇女同争一位孩子，信誓旦旦，都说孩子是自己的，一时真假难辨。古代以色列国王所罗门说：“拿刀来，把孩子劈成两半，一人一半便是。”第一个女人合掌称是，第二个女人大惊失色，叫道：“主啊，把孩子给她吧。万万杀不得！”所罗门把手指向第二个女人，说：“孩子属于你。”从此，所罗门被世代奉为智慧和英明的化身。

对于所罗门的智慧和英明，我们当然没有异议。这里只想说明，类似的故事在中华民族的历史中简直是数不胜数。不但有争孩子的，还有争鸡、争牛、争伞、争茄子、争羊皮、争家产的，等等，而且都得到了非常巧妙和公正的解决。《明察秋毫》中所收集的，就是争孩子的三个故事。细心的读者会发现，这三个案例的解决办法不但同样充满着智慧的闪光，而且比所罗门的办法更可信，更现实，更具有可操作性。如果说，所罗门处理这样一个案子就可以"奉为智慧和英明的化身",那么可以引出什么结论不是再明白不过了吗?

我们中华民族的确是一个伟大的民族,至少就智慧和勇敢这两种美德而言,在世界其他民族面前是丝毫也不逊色的。正是凭借着这种智慧、勇敢以及其他美德,我们民族曾经创造了灿烂的古代文明。那么,只要我们进一步发扬光大这些美德,我们民族就一定能够创造出更加灿烂的今天和未来。

智慧

大禹治水

阅读提示

熟悉西方文化和外国文学的人都一定知道“诺亚方舟”的故事。故事里说，上帝愤恨世人行恶，降下一场特大的洪水要灭亡这个世界，但又顾念义人诺亚，于是指示他建造一艘大船，使其全家及各种飞禽走兽成对躲避其中，从而幸免于难。诺亚也因此成为洪水灭世后人类的新始祖。

无独有偶，中国古代传说中，也出现过一次特大的洪水灾害，同样也产生过一位类似诺亚但远比诺亚伟大得多的英雄，他就是“禹”，也叫“夏禹”和“大禹”。

关于大禹的传说很多，本篇主要介绍他领导人民治理洪水的故事。

讲故事

相传四五千年以前，在我们中华民族祖先生活的这块土地上，发生了一次特大的洪水灾害：洪水滔天，茫茫一片，田地、房屋全都被淹没了，而且洪水经年不退，活着的人们只有躲避在高地或山上，生活非常痛苦和艰难。

当时中国处于原始社会末期，尧是各个部落联盟的首领。在部落联盟的会议上，大家推举大禹的父亲鲧出来负责治水。

但是鲧没有完成这个任务，因为他用的是“堙”“障”这样一些堵塞围截的方法。由于方法失当，前后花了9年的时间，耗费了大量的人力和物力，洪水不但没有被治住，反而越发越大。

尧去世后，舜接替他当了部落联盟的首领。舜见鲧治水无策，误了大事，将他办了死罪，在羽山这个地方把鲧杀了，随后，部落联盟又一致推举大禹继续完成治水的任务。

大禹当时刚刚结婚不久，父亲又因为治水不力而被杀，他的处境之艰和内心之苦是可以想见的。然而，当大禹看到洪水长年肆虐，人民在水深火热中备受煎熬，便将一己的恩怨都抛在脑后，毅然挑起这副重担。

开始，大禹开展了大量的我们今天称之为“调查研究”的工作。他向过去治水的前辈长者请教，走访同他的父亲一道治过水害的人，又经常把他们请来议论商讨，总结过去治水不成功的原因，谋划根治洪水的办法。他终于认识到，过去失败的症结就在于只是一味地堵塞和围截，洪水泛滥来势很猛时，往往堵不胜堵，截不胜截，结果堤溃坝塌，灾害更烈。因此，只有改“堵截”为“疏导”，堵塞与疏导并举，才有可能根治水患。

认识明确之后，大禹又选派人员并且亲自带队，分赴各地考察山川走向、地势高低，选择开挖河道的位置，设计疏通江河的路线，于是，一份全面疏导洪水的方案终于制定出来了。

接下来，大禹调集27万治水大军，浩浩荡荡，展开了中国古代历史上规模浩大、艰苦卓绝、气壮山河的一次最伟大的治水工程。

大禹不但坐镇指挥，还亲自参加劳动。他手上结满了老茧，腿上的汗毛磨得精光，由于长期泡在水中，脚指甲竟全部脱落了，有一段时间，竟至半身麻痹。他就是这样，栉风沐雨，废寝忘食，夜以继日，不辞劳苦，长年奔波在治水工地上，并且留下了“三过家门而不入”的佳话。

大禹受命治水，告别新婚不久的妻子，一出门就是13年，而且一次也没有回家看看。他不是没有这样的机会，而是实在没有这样的时间。

据说他第一次路过家门口，正是他妻子生下儿子刚刚几天的时候，听到屋里传来儿子“哇哇”的哭声，他是多么想进到屋里，看看久别的妻子和自己的亲生骨肉啊！然而重任在肩，他默默地从家门口走过去了。

第二次路过家门口时，他妻子正抱着儿子倚在门口，儿子已经能够喊“爸爸”了，他是多么想进到屋里，享受一下这天伦之乐啊！然而工程正紧，他含着眼泪从家门口走过去了。

第三次路过家门口时，儿子已经长到十来岁了，使劲拉他回家，他是多么想进到屋里，和儿子亲热一下啊！然而治水到了最关键的时刻，他只得深情地抚摸了一下儿子的头，又匆匆地从家门口走过去了。

▲大禹治水

经过13年艰苦卓绝的奋战，九条大河完全疏通，洪水沿着新开的河道，服服帖帖地流入了大海。紧接着，大禹又率领群众陆续疏通了各地的支流沟洫，使遍布各地多年的积水逐渐得到排除。最后，这次中国远古历史上猖獗几十年之久的特大洪灾终于被彻底制服了。

对于大禹及其万古流芳的伟大业绩，历史是不会忘记的，人民是永远感激和怀念的。《左传》中有一句话："芒芒禹迹，画为九州。"意思是说："大禹治水足迹所至的茫茫无边的土地，就是整个中国的疆域，一共分为九州。"因此古籍中所谓"禹迹"，还有"禹甸"，均指中国的疆域，至于"禹域"，更是中国的别称。也就是说，古代中国的疆域，是大禹用他的双脚走出来的。以中国疆域之广阔，这该是多么艰难的工程，同时又是多么伟大的功勋啊！此外，山西河津县西北的龙门，别称"禹门"，相传为大禹所凿；浙江绍兴稽山门外，建有禹陵和禹王庙，均是对大禹的纪念；最有意思的是河南开封东南郊有一个台，相传是春秋时代乐师师旷吹奏乐器的地方，原名"古吹台"。后来明、清时代在附近建禹王庙奉祀大禹，"古吹台"也就改名为"禹王台"。是耶非耶姑且不论，但它至少说明，中国人民对大禹这样为国家、为民族作出过巨大贡献的伟人将永远怀有最真挚、最深厚的感情。

动脑筋

(1)大禹治水和诺亚方舟的故事有许多相同和不同之处，你能对比它们的异同，并说明为什么大禹比诺亚伟大得多吗？

(2)鲧治水为什么失败了？大禹治水又是怎样成功的？

易道广大

阅读提示

在中国古代13部经典著作(即《十三经》)中,《易经》赫然雄踞群经之首,而且素有“神州第一奇书”的美誉。欧洲著名哲学家荣格也曾无比崇敬地说过:“读人类唯一的智慧宝典,首推中国的《易经》。”

《易经》究竟是一部什么样的书呢?

《易经》,亦称《周易》,成书于殷周之际,一直被看作是卜筮(bǔ shì,即占卜)之书。但若将它仅仅看作是卜筮之书,那就大错特错了。今天,人们越来越清醒地认识到,在《易经》一书卜筮形式的后面,蕴藏着极其深刻的哲学思想和非常丰富的现代科学的内涵。正如清代学者纪晓岚在《四库全书总目提要》中早就指出的那样:“易道广大,无所不包,旁及天文、地理、乐律、兵法、韵学、算术……皆可援易以为说。”

在这里,我们仅仅从数学中二进制计数法这一个小小的侧面,来领略一下《易经》思想的博大与睿智。

讲故事

今天的时代,是计算机的时代。

如果说,电子计算机是继四大发明和蒸汽机之后的又一伟大发明,是人类社会进入信息时代的重要标志,那么这个发明和标志则是以二进制为其基石的。

具有如此重大意义的二进制又是谁发明的呢？人们一般都认为，是18世纪德国大数学家莱布尼兹。然而莱布尼兹自己却认为，是中国的《易经》启发了他，他只不过是重新发现了中国古代数学中的秘密而已。

莱布尼兹，这位数理逻辑的伟大先驱，这位设计并制造了世界上第一部手摇演算机的杰出科学家，这位在理论与实践两个方面为后代计算机技术的发展奠定了基础的出类拔萃的学者，为什么对中国的《易经》如此推崇，而且要将发明二进制的殊荣归功于（或者说部分归功于）《易经》呢？

为了说明这个问题，让我们首先了解一下什么是二进制吧！

今天，我们通常使用的计数法是十进位计数法，即十进制，使用0、1、2、3、4、5、6、7、8、9十个数码来表示任意一个数字。其原理是以10为基数，逢10进1，10个“1”就进成“10”，10个“10”就进成“100”，如此等等。

此外，还有一些其他的进位计数法。如每天的钟点数是用的十二进位制，分、秒数是用的六十进位制，英寸数是用的十二进位制，等等。但一般最常用的还是十进位制。

然而，随着现代科学，特别是计算机科学的飞速发展，一种新的计数法越来越受到人们的重视，而且事实上正发挥着越来越重要的作用，这就是二进位计数法，即二进制。

所谓二进制，是只用0和1这两个数码来表示任意一个数字。其原理是以2为基数，逢2进1。例如：

十进制数“0”，用二进制表示为“0”；

十进制数“1”，用二进制表示为“1”；

十进制数“2”，用二进制表示为“10”；

十进制数“3”，用二进制表示为“11”；

十进制数“4”，用二进制表示为“100”；

十进制数“5”，用二进制表示为“101”；

十进制数“6”，用二进制表示为“110”；

十进制数“7”，用二进制表示为“111”；

十进制数“8”，用二进制表示为“1000”；

十进制数“9”，用二进制表示为“1001”；

十进制数“10”，用二进制表示为“1010”。

如此类推。

二进制的一个显著特点是，无论什么数字，它都只用两个数码（即0和1）就可以表示出来。而这一特点，正好满足了电子计算机的需要。

我们知道，电子计算机是处理信息的机械。它从外部输入用文字或数字表示的信息，经过处理后再将结果复原成文字或数字予以输出。而计算机内部对信息进行处理时，完全是通过开关程序来进行的。如果将电路的接通（即通常所谓“开”）记为“1”，将电路的断开（即通常所谓“关”）记为“0”；或者相应地，将有信号、被磁化、命题为真记为“1”，将无信号、未被磁化、命题为假记为“0”，那么，不但在计算中，而且在判断、记忆、辨识乃至人类思维中，大量对立的两种状态，都可以通过二进制的这两个数码“1”和“0”加以模拟而得到体现。因此，二进制在电子计算机中的作用是不容低估的。

那么，莱布尼兹为什么认为二进制的发明是受到了中国《易经》的启发呢？为什么他要如此谦虚地表示，他只不过是重新发现了中国古代数学中的秘密而已呢？

原来，《易经》所讲述的卜筮，基本上是通过卦爻的变化进行占卜的。所谓“卦爻”，就是组成卦的线条符号：横道“——”叫阳爻；横道中断“— —”叫阴爻。《易经》认为，阴阳二气是宇宙之本，所以占卜时便采用阳爻和阴爻两个符号，称作“两爻”，两个爻按不同的方式上下排列，就得到四种组合：

⚌　⚍　⚎　⚏

这四种组合，称作“四象”。若是三个爻按不同的方式上下排列，就得到八种组合：

☷ ☳ ☵ ☱ ☶ ☲ ☴ ☰

这八种组合，称作“八卦”，分别名为：坤、震、坎、兑、艮、离、巽、乾。

如果用二进制的数码“1”代替八卦中的阳爻，用数码“0”代替阴爻，就不难发现这八个卦与二进制中的8个数码是一一对应的。

八卦符号	挂名	二进制码	十进制码
☷	坤	000	0
☳	震	001	1
☵	坎	010	2
☱	兑	011	3
☶	艮	100	4
☲	离	101	5
☴	巽	110	6
☰	乾	111	7

因此可以有充分的理由认为，八卦实际上就是二进制。也就是说，中国人提出二进制的思想，比西方要早将近三千年，布莱尼兹说他创立二进制，是受了《易经》的启发，这绝非他的谦虚，而是千真万确的实情。当年，一个

到过中国的朋友送给他一本讲述太极阴阳的气功经典著作《周易参同契》，正是这本书中的“优义六十四卦方位图”中的阳爻与阴爻这两个符号，使他悟出了阴爻代表0，而阳爻代表1，从而撰写出正式创立二进制的不朽著作《二进制数学算术》。

动脑筋

孔子晚年非常喜欢读《易经》，他还写了《易大传》，苦心孤诣地对《易经》进行解说。当时《易经》是写在竹简上的，由于孔子翻来覆去地研读《易经》，以至编连竹简的牛皮带都断了好几次。你听说过这个故事吗？你能说出这个故事的名字(即成语)吗？

深谋远虑

阅读提示

这个故事，选自《左传·庄公十年》。原文并无标题，后人加上的"曹刿论战""一鼓作气"等题目，其实都不足以概括故事的内容，不足以显示故事主人公以国事为重的崇高品质，特别是他那深思熟虑的高深谋略、注重调查的务实精神和指挥若定的杰出才干。倒是原文中的"远谋"二字，似乎要贴切一些。因为中国古代的"谋"字，既指"谋略、计谋"，也还有"咨询""营求"的意思，说明谋略、计谋（所谓智慧）是离不开咨询（所谓调查研究）的，而且只有在营求（即实践）中才能得到验证。曹刿及其智慧，就是这方面最生动的体现。

讲故事

这个故事发生在公元前684年。当时，周王朝日趋衰落，出现了列国兼并，大国争霸的局面，史称"春秋"时代。

这一年的春天，春秋五霸之一的齐桓公刚刚即位，便发兵侵犯鲁国。这时候，曹刿只是鲁国的一名普通的武士，他听说鲁庄公将要准备迎击齐国的军队，便打算面见国君。他家乡的好友劝他说："算了吧，国家的事情自有那些高官厚禄、有权有势的人去考虑，你又何必多管闲事呢？"曹刿道："那些人只晓得争权夺利、吃喝玩乐，怎么可能深谋远虑呢？"最后还是坚持见了鲁庄公。

不久，鲁庄公决定在长勺这个地方与齐国开战，并且让曹刿和自己同乘一辆战车进行指挥。

战场上，齐、鲁两国的军队剑拔弩张，严阵以待，一触即发。鲁庄公想先发制人，正要击鼓进军。曹刿赶忙制止说：“现在还不是时候。”一直等到齐军敲过了三次战鼓，曹刿才说：“行了，擂鼓进军吧。”顿时鼓声大作，鲁国的军队如猛虎下山，打得齐军大败而逃。庄公见此，又想马上追击上去。想不到曹刿又制止说：“先不要忙。”边说边走下战车，仔细看齐军留下的车痕，然后又上车站在车前的横木上向远方的齐军眺望片刻，然后才说：“现在可以追击了。”最后，终于赶跑了齐军，大获全胜。

仗虽然打赢了，但庄公却仍然想不明白，便问曹刿为什么要这样指挥。曹刿说：“打仗，靠的就是士兵的勇气。第一次击鼓，士兵都鼓足了劲，是勇气最足的时候；第二次击鼓，勇气就不那么足了；第三次击鼓，勇气就全没有了。齐军第三次击鼓后，我方才开始击鼓进军，这时候，齐军的勇气丧失殆尽，而我军的勇气最旺，所以能够打败齐军。不过齐国是一个大国，打仗又兵不厌诈，谁知道他是真的溃败而逃，还是假装败退而埋有伏兵呢？及至我看到齐军车迹杂乱，军旗拖在地上跑，才肯定他们的确是溃败了，所以才下了追击的命令。”鲁庄公这才恍然大悟。

曹刿谋划指挥取得胜利的这次战役，就是中国古代战史中颇有名气的“长勺之战”。毛泽东同志在1936年撰写《中国革命战争的战略问题》时，曾将《左传》中记载的这次战役全文引述，详加分析，并且予以高度评价，可见毛泽东同志对曹刿的军事谋略和指挥才干是多么的推崇和欣赏！

动脑筋

与“深谋远虑”相接近的成语还有“多谋善断”（又作“好谋善断”），指勤于思考，善于作出正确的判断。本篇故事也是“多谋善断”的一个生动例证。你能具体指出曹刿在哪些具体问题上是多谋善断的吗？

出奇制胜

阅读提示

《孙子兵法》的《势篇》有这样一句话："凡战者，以正合，以奇胜。故善出奇者，无穷于天地，不竭如江河。"意思是说：凡指挥作战，只有正面示敌以常规，才能达到出奇制胜的目的，而善于出奇制胜的人，他的奇智奇计来自天地之间，无穷无尽，如同江河常流，永不枯竭。

本篇所介绍的田单破燕复齐的故事，不但显示了田单非凡过人的智慧，更展示了他出奇制胜的才干，是《孙子兵法》中"以正合，以奇胜"思想的最好印证和生动体现。其实，这一思想，又何尝不能适用于其他领域呢？比如，我们今天许多工作中所强调的"创意"，不就是要求"以奇胜"吗？

讲故事

公元前284年，燕国联合秦、赵、韩、魏四国，共同攻打齐国，大将乐毅统率五国兵力，不到半年时间，攻下了齐国72座城池，占领了齐国国都临淄。最后，只剩下莒和即墨两座孤城未下，齐国面临着亡国的灭顶之灾。

在这国难当头的时候，有一个人挽狂澜于既倒，扶大厦之将倾，在即墨之战中，大展其才，巧用智谋，一举击败燕军，并乘势恢复了齐国。他就是当时的齐国人田单。

田单原来在临淄做过管理市场的小官，本来没有什么名气。燕军攻陷临淄后他逃到安平。在逃难中他发现车辆两端伸出的部分很碍事，于是让家里人一起动手，将这些部分统统锯掉，并且包上铁箍。不久安平也被燕军攻破，齐国人纷纷出逃，抢道而行。许多人家因为车轴头太长，互相碰撞而折断，车子坏在路上，结果被燕军俘虏。唯有田单一家人顺顺当当逃到即墨。

后来燕军又包围了即墨。即墨地方的行政长官出城迎战，结果负伤身亡。在这危急时刻，城内军民都一致推举田单说："安平之战中，田单将车轴头包上铁箍，一家人因而平安无事，他一定熟悉兵法，懂得带兵打仗。"于是拥立他做了将军，坚守即墨，抗拒燕军。

不久，燕昭王去世，燕惠王继位。惠王做太子时，与乐毅曾有过矛盾。田单了解到这个情况后，便派人到燕国行反间计，说："齐王早已死了，齐国城池没有被攻破的也只剩下两座了。乐毅迟迟不拿下这两座孤城，是因为害怕惠王问罪而不敢回去，便以伐齐为名，实际上是想联合其他诸侯在齐国称王。现在齐国的人还没有依附于他，所以乐毅也不忙着攻下即墨，而是慢慢地等待时机。齐国人并不怕乐毅，怕的是燕国走马换将，那样一来，即墨也就完了。"

燕惠王果然信以为真，派了骑劫取代了乐毅。乐毅知道燕王不会轻易放过自己，便投奔到赵国去了。燕军官兵在乐毅统帅下，战无不胜，攻无不克，如今取而代之的骑劫，是个昏庸无能的草包，因此官兵无不愤恨。

反间计大功告成，田单又生一计。他传令全城军民，吃饭前都要在庭院中祭祀先祖，结果引来满天鸟雀，成群结队飞来啄食，城外的燕军见此情景，以为天神在保佑齐国，心里一片恐慌。田单见机而作，对天宣告："天神，快快下来指教我吧！"然后又传令给全城军民说："神人就在你们中间，他是天神降旨来帮助我指挥作战的。"这时一个士兵开口说道："我们下属可以指教你吗?"说罢转身就要走开。这时只见田单站起，将那个士兵请了回来，让他东向而坐，田单待他，如同侍奉神师一般。那个士兵说："我欺骗了你，我实在是无能的啊！"田单嘱咐道："你就不要说话好了！"于是拜他为师。自此，田单每次发布命令，都打着神师的旗号。

有一次，田单又放出风声，说："我们齐军只怕燕军将齐国士兵俘虏的鼻子割掉，然后让他们为燕军前列与我们作战。如果燕军这样做了，那么即墨必败无疑。"燕军听了这话后，真的就这样办了。即墨城内军民看见齐国投降的人都被割掉了鼻子，无不怒火中烧，大家横下一条心，矢志守城，抗战到底，宁死也不当燕军的俘虏。

没过几天，田单又故意传出话去，说："我们齐国人非常担心燕军挖了城外的墓地，使祖先蒙垢受辱，假如真的发生这种情况，齐国人必然伤心至极，哪里还会有心守城呢？”燕军这一次又上了当，将城外的坟茔地挖得一片狼藉，又把挖出的尸骨放在火上烧。即墨军民在城墙上目睹这一惨景，一个个怒不可遏，纷纷表示要出城与燕军决一死战。

为了麻痹燕军，田单又将披甲执锐的精兵强将隐蔽起来，故意安排一些老弱妇女上城墙担任防守，同时派人出城向燕军假意请降。燕军围攻即墨长达3年之久，早已疲惫厌倦，听说即墨不战自降，一个个高兴得连呼“万岁”。田单还在居民中募得铜币两万四千两，派即墨地方的富豪人士送给燕军将领，假意恳求说：“即墨马上就要投降了。燕军进城后，希望不要抢掠家中妻妾老小，保佑他们平安。”那些将领见钱眼开，满口应承下来。自此，燕军上下对齐军投降深信不疑，只等进城受降，斗志日益懈怠。

田单见时机已经成熟，便开始实施他的“锦衣火牛”作战方案。他在城中征集了一千多头壮牛，为它们披上红色锦缎，锦缎上又绘以五彩巨龙，牛角绑上尖刀，尾巴扎上浸透油脂的麻团和芦苇，又安排了五千名壮士，披甲执锐，尾随牛后。

这天晚上，即墨城墙打开了早已挖好的几十个洞口，一声令下，齐军点着了牛尾上的麻团和芦苇，火烧牛尾，烈性触发，一千多头锦衣火牛怒吼着从墙洞窜出，风驰电掣般直奔燕军营地，五千名军士也随后掩杀过去。城内居民击鼓呐喊，年老体弱的则不停地敲击铜器，一时间声震天地。燕军从睡梦中惊醒，只见火光冲天，火星四迸，无数条火龙横冲直闯，那些被撞上的，死的死，伤的伤，燕军顿时溃不成军，弃尸遍野。齐军挥戈进击，斩杀了燕军主将骑劫。燕军顿时乱作一团，四散奔逃。齐军则紧追不舍，一路上又收回了好几个城邑。老百姓都摆脱燕国而归顺了齐国。

即墨解围，齐军转守为攻。田单的兵力也日渐强大，越战越勇。燕军天天吃败仗，最后被撵到黄河边上。而齐国曾经沦陷的70多座城池，则一座座得到光复，重新回到齐国的怀抱，一度濒于灭亡的齐国，终于转危为安了。

动脑筋

“以正合，以奇胜”是什么意思？本篇故事中具体有哪几处地方体现了“以正合，以奇胜”的思想？请你分析说明一下。

不辱使命

阅读提示

春秋时代，一方面是列国纷争，兵戎相见，同时又使节往来，明争暗斗。在这复杂的政治风云中，不知涌现了多少纵横捭阖、能言善辩的外交家，而历任齐灵公、齐庄公、齐景公三朝宰相的晏子（即晏婴）则不愧是其中出类拔萃的佼佼者。这里选取了晏子几次出使楚国的故事，从中不难感受到晏子维护国家尊严的高尚气节，而且也可以领略到他巧于周旋辩驳的机智。

讲故事

有一年，晏子受命出使楚国。当时楚国的国君楚灵王非常狂妄自大，听说晏子身材短小，就故意叫人在城门旁边挖了一个小门，让晏子从小门进去。晏子自然不干。他知道楚国这样做不但是在羞辱自己，更是在羞辱自己的国家，便义正辞严地说："只有出使狗国的人，才从狗门进去。我今天是出使楚国，怎么可以从狗门进去呢？难道楚国是狗国吗？"楚王没有办法，只得让手下的人迎接晏子从城门进去了。

晏子见过楚灵王，楚灵王又故意问道："你们齐国没有人了吗？"晏子当然知道楚王怀的什么鬼胎，便不动声色地答道："我们齐国，光是临淄一个地方，就有三万户人家，那真是呵气为云，挥汗成雨，居民熙熙攘攘，摩肩擦膀，脚跟碰脚跟，怎么说没有人呢？"楚灵王接着问："既然这样，为什么派你出使楚国呢?"晏子明白楚王是在讥笑自己身材矮小,于是不慌不忙地说:"我们齐国派出来的使节,各人都有自己最合适的去向。那些上等使节,便出使到上等国君那里。我晏婴最没有出息,所以就派到楚国来了。"

楚灵王几番羞辱晏子都没有得逞,反而自讨了没趣,很是恼怒,后来听说晏子又要来了,就跟左右的人说:"晏子是齐国最能言善辩的,这次来了,我一定要羞辱羞辱他,可是用什么办法好呢?"左右的人便说:"等他来的时候,请让我们捆绑一个人从大王面前走过。这时候大王您就故意问:'捆的什么人呀?'我们也故意回答说:'齐国人。'大王您又问:'犯了什么罪呀?'我们回答说:'犯了盗窃罪。'……"楚王和他左右的人就这样串通好了。

晏子来了以后,楚灵王假惺惺地向晏子敬酒,正喝得高兴的时候,几个武士绑着一个人向楚王这边走来。楚王佯装问道:"绑的是什么人呀?"回答道:"齐国人,犯了盗窃罪。"于是楚王转过脸看着晏子说:"你们齐国人难道都喜欢偷东西么?"

楚国君臣表演的这个双簧丑剧,晏子怎么会看不出来呢?他知道楚灵王不尝点厉害是不会善罢甘休的,便离开酒席十分庄重地说:"我听说,橘树种在淮南,才长又甜又大的橘;如果种在淮北,就只能结又酸又小的枳。它们叶子很相似,可是味道却大不一样。为什么会这样呢?水土不一样啊!现在老百姓在齐国不偷不盗,到了楚国又偷又盗,难道是楚国的水土使百姓变得喜欢偷盗了吗?"

几番较量,楚灵王终于明白自己不是晏子的对手。只得苦笑着给自己打圆场:"圣人是不能随便跟他开玩笑的。我这是自找倒霉了。"

动脑筋

面对楚灵王的羞辱和诬蔑,晏子不是消极地为自己辩解和开脱,而是针锋相对、旗帜鲜明地提出相反的或不同的原则,然后从这些原则出发,引申出对方始料不及并狼狈万分的结论。请从本篇故事中找出这样的事例,试作简要的分析。

谋而后动

阅读提示

中国历史上，有两个人的名字往往被混淆，甚至被误为同一个人，他们就是中国古代著名的军事家孙武和孙膑。其实，孙武是春秋时代的人，而孙膑则生活在战国时代；孙武的著作名为《孙子兵法》，而孙膑的著作则叫《孙膑兵法》，不过，他们也确实难以完全分开——孙膑是孙武的后代。

作为一个军事家，孙膑自有智谋过人之处。这里只选取了他的两个小故事。故事内容虽不相同，但恰巧都与比赛有关，而且似乎说明了同一个道理，那就是——谋而后动，即凡事须谋划好了然后再采取行动。而能否做到这一点，似乎正是聪明人与傻子（或盲动者）之间的一个重要的区别。

讲故事

孙膑是战国时代的齐国人。当时列国纷争，战事不休。老百姓一方面深为战争所累，同时又热衷于学习和研究军事，所以孙膑还是小孩子的时候，就跟着一个名叫“鬼谷子”的老师学习兵法。

与孙膑一起学习的还有一个小孩子，名叫“庞涓”。庞涓虽然不傻，但跟孙膑在一起，却总是差那么一点儿。

有一次，鬼谷子对他俩说：“今天你们比赛吃馒头。但每个人每次最多

▲田忌赛马

只能拿两个，手上的馒头吃完了才能再拿，谁能多吃到馒头就算谁赢。”

老师交代清楚之后让人把馒头拿了过来。庞涓求胜心切，抢先抓起两个馒头就吃了起来。

孙膑看见还有三个馒头，便只拿了一个在手里。他想，一个馒头比两个馒头吃得快些，先吃完就可以拿剩下的两个馒头了。

因此一开始，就变成了吃两个馒头跟吃一个馒头的比赛。尽管庞涓狼吞虎咽，可是等他吃完了手中的两个馒头，孙膑的第一个馒头早就吃完，并且已经把剩下的两个馒头抓在手里了。

结果自然是孙膑取得了胜利。

庞涓如果能够正视自己与孙膑的差距，并且虚心向他学习，那么即使最终仍旧赶不上孙膑，他自己却还是可以大有作为的。而庞涓偏偏是个气量狭小，嫉贤妒能之辈，这就为孙膑以后的悲惨遭遇埋下了祸根。

后来，庞涓做了魏惠王的将军。由于强烈的忌妒心理作怪，他每次一想到孙膑就饭也吃不香，觉也睡不好。于是用计将孙膑骗到魏国，然后栽赃陷害，将孙膑处以膑刑，即去掉膝盖骨的酷刑（孙膑的名字也就是这样来的）。

以后孙膑经过种种周折，终于逃出庞涓的魔掌，到了齐国。齐国的大将田忌收留了他，两人之间结下了很深的友情。

当时田忌经常跟齐国的王公贵族赛马打赌，可是每赌必输。有一次孙膑到赛马场看了看，发现田忌的马跟别人的马比起来，马的力量和速度相差并不大，而且双方的马，都有上、中、下三个等级。于是孙膑对田忌说：“如果再赛马，您只管下大的赌注，我一定有办法让您取胜。”

田忌对孙膑的才智早有所闻，因此对他的建议丝毫也不怀疑，何况他也一直想领略一番哩！于是他安排了一场与齐王及诸位公子的比赛，并且一下子押上了千金的赌注。

临到比赛的时候，孙膑对田忌说：“今天，用您的下等马与他们的上等马比，用您的上等马与他们的中等马比，用您的中等马与他们的下等马比。”

结果在第一轮比赛中，对方的马遥遥领先，田忌当然是输了。然而在后两轮比赛中，田忌的马都跑在前头，最后连胜两轮。田忌二比一取得胜利，赢了千金。

比赛结束后，田忌带孙膑去见齐威王。齐威王向他讨教兵法，孙膑对答如流，而且颇有见地，齐威王大喜过望，尊孙膑为师。

后来孙膑为齐国出谋划策，打了不少大胜仗，特别是在桂陵之战与马陵之战中，孙膑谋划、指挥的齐国军队跟庞涓率领的魏国军队正面交锋，在真刀真枪的实际较量中，庞涓一次又一次地败在孙膑手下。最后，这个气量褊狭而又心狠手辣的无耻小人智穷兵败，在马陵道上被迫拔剑自杀了。

动脑筋

谋而后动的正面事例和反面事例都是很多的，几乎每个人的亲身经历中都可以找到这方面的例子。你能结合自己的经验或教训谈谈这方面的体会吗？

妙在一心

阅读提示

埋锅做饭是古代行军作战中再普通不过的事情，然而就在这做饭的小小灶头上，竟也演绎了许多生动的故事。本篇所选的两个故事，主人公都是在灶的数目上做文章而取得战斗胜利的，但一个是减灶，一个是增灶，手法相反而功用相同，其中所蕴含的哲理应该是发人深省的。

岳飞在论兵法时讲过一句名言："运用之妙，存乎一心。"从下面的故事中，我们可以看到，的的确确是这样的啊！

讲故事

凡是粗知中国历史的人，对战国时代孙膑和庞涓的故事大多略有所闻。当时庞涓是魏惠王的将军，孙膑是齐威王的军师，两人各事其主，展开了反复的较量。

在第一个回合中，孙膑为齐国出谋划策，顺利地实现了围魏救赵的战略目标。然而三十年河东、三十年河西，过了不到15年，魏国与赵国又联合到一起，向韩国发起了进攻。于是韩国向齐国发出了求救的书信。

这一次齐国仍以田忌为将军，以孙膑为军师。他们首先放出风声，扬言要去攻打魏国的国都大梁。庞涓得到消息后，便急急忙忙将军队移回魏国东部边境以抵挡齐军。

孙膑早就料到庞涓会这样做，这时便对田忌说："魏国的军队素来强悍勇武，根本不把齐军放在眼里；而齐军也确实比较怯弱，并且早已名声在外了。善于指挥作战的人不能无视这种情势，而且必须想办法因势利导。”

孙膑顿了一下，见田忌听得非常专注，便继续说：“兵法中有这样的内容，说是战争中疾行趋利而不惜跋涉百里之遥，将会折损一员上将；跋涉五十里路，队伍将减员几乎一半。这次我们不妨将计就计，亦假亦真，引魏军上钩。”

对孙膑言听计从的田忌当然不会反对，于是齐军进入魏国后便开始实施这一计谋：第一天宿营做饭，起了10万口灶；第二天宿营做饭，减少到5万口灶；第三天再减少到3万口灶。

庞涓尾随齐军，见此情景，便洋洋得意地说：“果然不出所料，怯懦的齐军进入魏国才3天工夫，其兵卒已逃亡大半。”庞涓随即放弃步军，只带领少量精锐轻骑昼夜兼程追赶齐国的军队。

孙膑见庞涓已经上当，当即分析了魏军的行踪，估计黄昏时分魏军将追到马陵。这马陵一带，道路狭窄，两旁尽是悬崖峭壁，正是伏兵歼敌的好地方。孙膑埋下伏兵之后，又吩咐将一棵大树的树皮削去一块，在上面写了“庞涓死于此树之下”八个大字。

当夜庞涓率领队伍果然赶到马陵。庞涓来到大树前面，见树上隐约有字，便点燃火把照亮察看。然而不等他将这行文字念完，孙膑布下的夹道埋伏的齐兵万箭齐发。魏军猝不及防，顿时乱作一团，四散奔逃。庞涓这才知道又中了孙膑的计。智穷兵败，他感到无地自容，只有拔剑自刎了。

这一仗，齐军几乎将魏军彻底摧毁，并且把魏国的太子也俘虏了。

如果说，这次齐军大败魏军靠的是孙膑的“减灶”之计，那么无巧不成书，东汉末年虞诩战胜羌兵靠的则是相反的“增灶”之计。

当时，羌人在西南一带骚扰百姓，抢夺粮食、牲口，闹得边境很不安宁。在这种情况下，虞诩被朝廷任命为武朗太守，派到边防镇守。

虞诩率领三千士卒，没用几天工夫，就赶到陈仓崤谷，却没想到在这里与羌兵的几千人马突然遇上了。

虞诩的队伍长途跋涉了好几天，人困马乏，与羌兵硬拼，显然只会吃亏。在这严峻时刻，虞诩果断下令，部队停止前进，并且扬言说：“正在向朝廷讨援兵，而且援兵很快就要到了，援兵一到，再继续前进。”

满腹狐疑的羌兵虽然人多势众，但摸不清汉军的底细，又听说还有援军马上要到，生怕陷进包围圈，因此不敢贸然进攻，随之又分兵几路，到附近各县抢掠去了。

乘此机会，虞诩下令部队立即开拔。此后几天时间，虞诩要求每天赶200多里山路，还规定每个将士宿营时各挖两个灶头，而且第二天挖灶还要加倍。尾随的羌兵看到汉军的灶头越来越多，不知道汉军究竟有多少人马，还以为虞诩真的有了援兵，因此始终不敢进攻。就这样，虞诩的三千士卒，终于平安抵达了目的地。

事后有人问虞诩："从前孙膑用'减灶'的办法打败了庞涓，而你却用'增灶'的办法对付羌兵，这是为什么呢？再说兵法规定每天行军不得超过30里，以防不测，可是你却催着我们每天要走200多里路，这又是为什么呢？"

虞诩回答道："敌众我寡，走慢了，容易被敌兵追上；走快一点，敌人就捉摸不定了。敌人看见我军灶头每天都在增加，一定以为是附近各县的部队前来接应了。羌人以为我们人多势众，行动迅速，当然就不敢追击了。再说孙膑当年是处心积虑要引诱庞涓上钩，所以用'减灶'的办法伪装软弱；而我们今天正好相反，是一心一意想把羌兵引开，所以用'增灶'的办法假装强大。处境不同，形势各异，所以才有这样两种截然相反的做法。"

动脑筋

孙膑用"减灶"的办法，虞诩用"增灶"的办法，都达到了战胜敌人的目的。对于这其中的道理，虞诩作了一些说明。那么你同意虞诩的意见吗？你知道这两个故事共同说明了一个什么道理吗？

兼听兼用

阅读提示

“兼听则明，偏听则暗。”人们在处理一些非常棘手的问题时，往往多方面征询意见，然后择善从之；但有时也会遇到这样的情况，即几种意见截然相反，针锋相对，不过又都有一定的道理，那么该怎么办呢？

本篇故事的主人公碰到的就是这样一件非常棘手的事情。

讲故事

这个故事发生在战国时代。战国时代有一种风气或者说习惯：两国交好，往往将太子送到对方国家作人质，作为交好的凭证。例如本篇故事中的楚襄王是楚国太子，当时就在齐国作人质。

后来楚怀王死了，太子就向齐王提出回国的请求。齐王乘机勒索、刁难道：“要是将楚国东部的土地给我500里，就送你回去；否则，就不能回去。”

楚太子吃了一个硬钉子，便推辞说：“我有个老师，让我下去问问老师的意见吧！”

楚太子的老师叫慎子。慎子劝太子说：“答应割地吧！土地，是用来养身立命的东西，但如果因为顾惜土地而不能为死去的父亲送葬，那可是不义的行为。所以我看割地是适宜的。”

于是太子又去见齐王，答应割地500里。这样齐王才同意放楚太子回国。太子一回国，就即位为王，即楚襄王。

不久，齐王果然派了使者来取楚国东部的土地。楚襄王一时没了主意，又要慎子想办法。慎子说："大王明天早朝接见群臣时，让他们都讲讲自己的意见吧！"

第二天上朝时，上柱国子良先上来了。楚襄王对他说："我之所以能够回到楚国重振社稷，是因为答应了将东边的500里土地割给齐国。如今齐国使者来要土地了，这件事该怎么办呢？"

子良答道："大王您不可以不给这土地呀！大王是金口玉言。对齐国答应了的事情又不兑现，则是不讲信用；失去信用，以后再与诸侯各国交往就困难了。我的意见是先给齐国土地而后再用武力夺回来。给土地，是守信的证明；夺回土地，是尚武的标志。所以臣主张给土地。"

子良退下之后，昭常又上来了，楚王说："齐国的使者来要我们东边的500里土地，你说怎么办呀？"

昭常答道："不可以给呀！楚国为万乘之国，是因为土地广袤，如果去掉东边500里，楚国就剩下一半了。有万乘的名号，而实际上连千乘都够不上，这怎么说得过去呢？所以臣主张不要给齐国土地，一定要守住这些土地！"

昭常下去后，景鲤也来见楚王了，楚王把问题又重复了一遍，景鲤回答说："确实不能给！不过，楚国自己的力量是守不住的，臣请派人去西边向秦国求救。"

景鲤也下去之后，慎子来了。楚王便把三位大夫的意见告诉了慎子：子良认为不可不给，但是给了之后再用武力夺回来；昭常认为不可以给，请求把土地守住；景鲤也认为不可以给，但楚国自己守不住，要向秦国求救。楚王最后问道："这三个人的计谋，我该用谁的好呢？"

"三个人的计策，大王您就都用上吧！"

慎子的回答倒是痛快，但是楚王听了，还以为慎子在说笑话，顿时拉下脸来，不快地问："你这是什么意思呢？"

"大王先听臣的解释，就可以看出臣下是非常认真在考虑这个问题的！"慎子首先宽了宽楚王的心，随后说道："大王先派50乘车队送上柱国子良去北方，向齐国献上500里土地；第二天再任命昭常为大司马，命令他去守卫这块土地；第三天再派50乘车队送景鲤去西边，向秦国求救。"

楚王这才明白，三个大夫的计策虽然不同，但确实可以兼听而且兼用，因此同意了慎子的意见，当天他就派遣子良往北边去向齐国献地；第二天任昭常为大司马去守卫这片土地；接着又派景鲤往西边去向秦国求救。

子良到齐国献上土地，齐国当然非常高兴。可是当齐国使者去楚国东部收取这片土地时，昭常却拒不交割，还对齐使说：“我是受命保护这片土地的，与之同生共死，这里虽然甲不精，兵不利，但从五尺小儿到六十老人，三十余万民众，是愿意与侵犯者奉陪到底的！”

消息传回齐国，齐国也给弄糊涂了，便把子良找来问道：“你来献地，而昭常又坚守不给，这是怎么回事呢？”

子良故意装糊涂，说：“我前来献地的确是楚王的命令；昭常坚守不给，一定是假冒楚王的旨令。既然这样，您就发兵攻打他好了！”

齐王果然兴师讨伐昭常，向楚国东部发起了进攻。然而还不等他们渡过泗水，秦国的五十万人马已经直逼齐国的西部疆域。秦军下令向齐王传话说：“当初阻挡楚太子回国，已属不仁；现在又想霸占楚国500里土地，更是不义。齐国如果退兵，大家相安无事；否则，秦军随时等着齐军前来较量。”

齐国见秦国出面了，不免害怕。因为秦国当时的势力已经不可小觑。于是形势急转直下，齐王反过来请子良帮忙，去南边向楚国解释，去西面向秦国说明，以解齐国之危，结果楚国不发一兵一卒，最终保全了东部的500里土地。

动脑筋

慎子劝楚王兼听，特别是兼用三位大夫的意见，其实还是有选择的，即有所保留也有所剔除，否则所谓“兼用”恐怕是不可能的。你可否具体分析三位大夫的意见，各保留了什么内容，又剔除了哪些内容，并列表说明之？

起死回生

阅读提示

“起死回生”这句成语，是形容医术高明，把快要死的人救活，而不是说真的能让死去的人再活过来。让人死而复生，这是再高明的医生也无法办到的。

除非有这样一种情况，就是我们以为某人已经死了，而实际上并没有真死，让这些人“死”而复生倒是有可能的。

本篇故事中的这个“死人”，“死”了已经半天，而且大家已经在为他办丧事了，但幸遇良医，将他从死亡边缘上拉了回来。这位良医，就是被称为中国医学祖师的扁鹊。

讲故事

扁鹊是战国时代的人，本姓秦，名越人。由于他医术高明，所到之处，“灵鹊兆喜”，于是被称作“扁鹊”，真姓名倒几乎被人遗忘了。

有一次，扁鹊带着几个弟子从虢国路过，正巧听说虢国的太子死了。扁鹊来到虢国王宫门前，见了中庶子（中庶子是当时的官名，负责诸侯卿大夫庶子的教育管理），问道：“太子得的什么病呀？宫内外祛邪消灾的祭祀干吗这样兴师动众啊？”

中庶子伤心地说：“太子的病是血脉、精气运行紊乱，绞缠淤结不能畅通。精神止不住邪气，邪气又得不到排泄，阳气衰微而阴邪旺盛，最后突然发作，伤及内脏，昏厥暴死。”

这个中庶子平素爱好方术，极力想说出个道理来。岂知扁鹊一听太子的症状，心中早已有数，随后又听说太子死了还不到半天工夫并且尚未入殓，便开口说道：“我是齐国渤海秦越人，想仔细察看一下太子的遗容。听说太子不幸而死，但我有办法让他活过来。”

中庶子一听，却生气了：“先生该不是在欺诈我吧？凭什么说太子可以复生呢？”

中庶子停了一会，但不等扁鹊说话，又喋喋不休起来：“我听说上古时代有个叫俞跗的医生，给病人治病不用汤剂、酒剂，而是妙用石针、功法引导、按摩推拿、药物热敷。手术时，解开衣服就能发现病症，找到五脏的腧穴，尔后切开皮肉，疏通血管，连结筋脉，按摩大脑，持取膏肓，梳理隔膜，冲洗肠胃，清洁五脏，修益精气，恢复容貌气色。先生的办法如果能够达到这样的程度，那么太子可以复生；但若不能达到这样的程度而想要让太子活过来，这样一些话还不如说给刚会笑的婴儿听哩！”

听了中庶子这一番长篇大论，扁鹊开始没有吱声，后仰天叹息道：“你所说的这一套，好比是通过竹管去观察无边的天空，透过缝隙去看图形和花纹。至于我的方法，不用切脉、望色、听声和审察病人的体态，就可以说出病在什么地方。从外表症状，推论内脏疾病；从内脏病变，可知外在病症。再说病症在体表上呈现之后，不出千里的范围之内，就会有许许多多不尽相同的诊断；这些不同的看法，都可以听一听嘛。您认为我说大话，不妨让我试着为太子检查一下，这样就可以发现太子耳内还有声音，鼻翼还在翕动，大腿内侧一定还略有体温。”

中庶子见扁鹊的话说得这样肯定和有把握，不禁惊呆了。他两眼迷惑，眼珠凝滞，张口结舌好半天才清醒过来，随后马上进去将扁鹊的话报告了国君。

虢国国君听了报告之后大吃一惊，立即迎了出来，说：“我私下里早就听说先生的高才大德了，然而一直没有拜识谒见的机会。今天先生路过这偏僻的小国，使我们能够得到先生的救助，我们真是太幸运了。有了先生，我儿子就有救了；没有先生，我儿子就只有抛尸野外，永远不能回来了啊！”

话还未说完，虢国国君就呜咽抽泣起来。扁鹊见状，安慰他说：

“像太子这样的病，就是通常说的‘尸蹶’症。太子真的还没有死啊！”

扁鹊一边说，一边示意弟子子阳将金针磨好，然后在太子头部的百会穴扎了一针，一会儿，太子就苏醒过来。接着，扁鹊又让弟子子豹调配能将热气沁入体内五分之深的熨药，用“八减之剂”（古代一种药方）煎好后，在太子两肋来回揉敷。终于，太子能够坐起来了。

此后，扁鹊进一步调顺了太子体内的阴阳二气，再让他服了20天的汤药，太子就完全恢复了健康。于是人们就传说开了，都认为扁鹊能让死人复生。扁鹊则解释道：“我秦越人并不能让死人复活，而是太子并没有真死，我只不过是治好了他的病罢了。”

动脑筋

本篇故事是直接从司马迁的《史记·扁鹊传》翻译过来的。从故事中不难看出，扁鹊是主人公、中心人物，因此落墨最多，此外对中庶子这个人的记叙也不算少。司马迁当初这样写显然是有用意的，那就是把他作为扁鹊的对比和陪衬，从而更加突出扁鹊崇高的医德、精湛的医术和务实的精神。你能从本篇故事中找出这方面的例证吗？

秀外慧中

阅读提示

若是提起封建社会帝王的后妃，人们首先联想到的大概就是她们的美好姿容和天生丽质，至于她们的内在素养特别是智慧才华，关心和了解的人恐怕就不太多了。

诚然，在中国历史上出现过像妲己、褒姒、慈禧这样一些祸国殃民的所谓“祸水”，但也不乏许多秀外慧中的后妃佼佼者，如本篇两个故事中的主人公，她们凭依其特殊的地位，不但敢于而且也善于在帝王面前进谏忠言，生动地显示了她们以国事为重的精神和未可小视的睿智与才干。

讲故事

如果说，春秋时期五大霸主之一的楚庄王是一位具有雄才大略的君主，那么助他事业成功的樊姬则是一位难得的秀外慧中的贤内助。

楚庄王刚即位的时候，沉溺于游猎享乐，完全不管国家大事，樊姬再三劝谏都没有效果。后来她想了一个主意，凡是禽兽肉一概不吃，这样一来，楚庄王慢慢省悟了，于是不再打猎，勤于国事。

还有一次，楚庄王很晚才下朝回宫。樊姬迎上前去，亲昵而娇嗔地问：“大王为什么这么晚才下朝呢？您不觉得饥饿和疲倦吗？”

庄王兴致勃勃，说道：“我在朝上跟满腹才气的人谈了半天，一点也不感到饥饿和疲倦！”

“那可是件大好事。”樊姬接着又问：“这个满腹才气的人究竟是谁呀？”

庄王说：“除了令尹虞丘子，还有谁呢？”

樊姬一听，不禁笑出声来。看到庄王莫名其妙，满脸狐疑的样子，樊姬又轻言细语地说：“虞丘子怎么算得上是满腹才气呢？他当令尹十多年了，向大王推荐了多少人才？举荐的又是什么人呢？我在大王身边也有十多年了，我几次派人到郑、卫两国为大王物色才貌双全的女子，如今这美女中，有两个比我贤能，其余七个比我差不了多少，都成了大王的得力内助。我何尝不愿意独享大王的恩宠呢？但是为了大王，为了我们楚国，我只能这样做啊！可是虞丘子就不是这样，听说他举荐的人不是他自己的门生弟子，就是他自己的亲朋好友，没有一个是德才兼备的贤人，而那些碌碌无为的庸官，他一个也没有罢免。这样的人怎么能说他满腹才气呢？”

听了樊姬一席话，楚庄王茅塞顿开。第二天上朝后，庄王把樊姬的话一五一十地告诉了虞丘子。虞丘子脸上一阵红一阵白，惭愧得无地自容。

后来，虞丘子干脆辞去了令尹的职务，同时举荐孙叔敖接替自己。这一次，虞丘子倒是举荐对了。孙叔敖辅佐楚庄王，仅用了3年时间，便使楚国的国力后来者居上，楚庄王也一跃而成为春秋各国的霸主。

在中国历史上，像樊姬这样的后妃还有不少。例如十六国时期汉国国君刘聪的后妃刘娥，就是其中的一个。

据史料记载，刘聪在位时穷兵黩武，广建宫殿，浪费民力，沉溺酒色，激起各族人民的反抗。在这种情况下，刘娥不怕得罪刘聪，大胆劝谏，确实是不容易的。

当时，刘聪很宠爱刘娥，册封她为皇后，并且下诏为她修建皇仪殿。廷尉陈元达恳切陈词，极力劝阻。刘聪非常生气，下令将陈元达斩首。刘娥知道后，首先私下做主，下令不要杀陈元达，然后亲自上疏国君说：“廷尉所言，关系到国家大事，一个忠臣是不会只考虑自己的身家性命的。大王您不但不采纳他的意见，反而还要诛杀他，我实在感到不安。而且大王这次发怒，是由我而引起的；廷尉这场灾祸，也是由我招来的。人怨国怨，过错都在我的身上；拒绝忠谏，杀害忠良，都是因为我的缘故。从古至今，人主倾覆，国家败亡，还没有哪一回不是由于女人而造成的。我每看到这些事情，总是愤恨得连饭都吃不下。可是万万没有想到，今天我自己竟然也充当了这样的角色。以后的人看我，就如同我看以前的那些坏女人一样，我还有什么脸面侍候大王呢？您不是要为我修皇仪殿吗？那就请求大王赐我一死，将我葬在这个殿堂中，以抵偿大王一时气愤而违背情理所犯下的过失吧。”

刘聪听完，对手下的人说：“惭愧呀，我对不住元达了。”当听说陈元达还没有被处死时，刘聪大喜过望，马上吩咐将陈元达带来。刘聪挽着皇后对陈元达说：“在外，有你元达的辅佐；在内，有刘皇后辅佐，我还有什么可以担忧的呢？”

修建皇仪殿的风波虽然平息了，但刘聪并没有真正改弦更张。虽然内有刘娥，外有元达，但刘聪后来依然沉迷酒色，广建宫殿，对外则穷兵黩武，征战不息，结果激起各族人民一次又一次的反抗。

动脑筋

(1)樊姬是怎样使楚庄王端正对虞丘子的看法的？

(2)刘娥又是怎样使刘聪收回将陈元达斩首的成命的？

(3)请结合故事内容，具体分析他们劝谏成功的根据和方法。

狡兔三窟

阅读提示

这个故事，选自《战国策·齐策》。说的是战国时代齐国孟尝君的门客冯谖是如何运用他的聪明才智和远见卓识为巩固孟尝君的政治地位而出谋划策的。“狡兔三窟”这句成语就出自这个故事。“狡兔”的“狡”字，若译成现代汉语的“狡猾”，显然带有贬义；然而在古代汉语中，“狡”字并无贬义的色彩，其准确意义应为现代汉语的“精明”或“聪明”，因此“狡兔三窟”应译为“聪明的兔子要有三个藏身的洞穴”。而且这句话的比喻意义对我们更是颇有启发：聪明的人活在世上，经常要有避祸的准备。只有这样，才能有生存的机会和发展的希望。

讲故事

冯谖是战国时期的齐国人，因为家贫如洗，便投靠在贵族孟尝君的门下当食客。孟尝君是战国四公子之一，门下有食客数千人。

有一次，孟尝君要派人去他的封邑——薛地收债，问门下食客谁熟悉会计。冯谖自告奋勇，表示愿意去薛地收债。

冯谖整理好行装，套好马车，载着债契和借据就要上路了。辞行的时候他问孟尝君：“收完了债，买些什么回来呢？”孟尝君说：“你看我家里缺少什么就买些什么吧。”

冯谖乘车到了薛地之后，便派当地官吏把应当还债的人都找了来，一个一个验明了债契和借据，然后站起来说："孟尝君把所有的债务都免掉了。"于是将全部债契、借据付之一炬，薛地的老百姓都感动得连呼"万岁"。

事情处理完了以后，冯谖也不再停留，马上返回齐国，一大清早就去求见孟尝君。孟尝君听说他这么快就回来了，很是奇怪，马上穿好衣服戴好帽子出来接见他。

"债都收完了吗？"孟尝君急切地问道，"怎么回来得这么快呀？"

"已经全部收回来了。"冯谖答道。

"好啊！那么买了什么东西呢？"

"您说'家里缺什么就买什么'，我心里盘算，您屋里摆满了珍宝，厩里狗马成群，堂下美女如云，您家缺少的，就只有义了。这样我就私自做主，为您买义回来了。"

"买义……"孟尝君似乎还没有听明白，"买义这句话又怎么讲？"

冯谖于是答道："如今您有一块小小的薛地，您不待民如子，善加爱抚，反而像商人一样，与他们争利。这样利倒是有了，可是义呢？因此我自作主张，假托您的名义，把债款都给免了。于是烧了债契和借据，结果老百姓都感动得高呼'万岁'。我这样做，不就是为您买了义吗？"

孟尝君这才明白过来，原来这个冯谖竟把债契和借据全都烧了。他心里实在是不痛快，然而木已成舟，有什么办法呢？只好对冯谖说道："既然如此，那就算了吧。"

又过了一年。有一天，齐湣王对孟尝君说："你是先王的臣，我可是不敢用先王之臣为臣的呀！"孟尝君明白齐湣王的意思是不想用他，要赶他走，于是只好离开了都城，前往自己的封邑薛地。

在离薛地还有一百多里的地方，孟尝君就看见老百姓扶老携幼，夹道迎了过来。孟尝君终于明白了冯谖的良苦用心，回头对冯谖说："先生为我所买的义，我今天总算是见到了！"

冯谖这时却说："精明的兔子要有三个可以藏身的洞穴，才能免于一死！现在您有了一个洞穴，还不能高枕无忧睡大觉。请让我为您再造两个洞穴吧！"

于是，孟尝君拿出50乘车、500斤（斤为战国时期的一种货币单位）铜币，让冯谖到西边的梁国游说。冯谖对梁惠王说："齐国把他的大臣孟尝君放逐到了诸侯各国。哪个诸侯若是先迎了孟尝君，就一定能国富而兵强。"梁惠王听了，马上将原来的宰相调为上将军，空出了宰相的位置。随后派使者带着1000斤铜币、100乘车，去迎聘孟尝君。冯谖则抢先赶了回去，告诫孟尝君说:“1000 斤铜币和 100 乘车,这可是份重礼啊。想必齐国一定听到消息了。”结果,梁国的使节迎聘孟尝君,来来往往跑了三次,但是孟尝君坚决推辞而未去梁国。

齐国听到这件事,君臣一片恐惧。齐湣王赶忙派太傅给孟尝君送来铜币 1000 斤、彩绘马车两辆,佩剑一把,并且写了一封信给孟尝君,道歉说:“都是我的不好。我遭了祖宗降下的灾祸,又误用巴结逢迎的佞臣,结果得罪了您。我实在不值得别人帮忙,不过我还是希望您能顾念列祖列宗,暂时回齐国来帮我处理国家大事吧!”这时,冯谖又告诫孟尝君说:“您务必向齐王请求先王传下的祭器,先在薛地把宗庙修起来!”

待到薛地的宗庙修好之后,冯谖回来报告孟尝君说:“三个洞穴已经完成,您可以高枕无忧,快快活活做您的事了!”

孟尝君当了十几年的宰相,没有遭过一点灾祸,这都是靠了冯谖的计谋啊!

动脑筋

在当今社会中,许多人都十分注意“留一手”。所谓“留一手”,指的是多学习一些知识,多掌握几门技能,多培养几个特长。这样,在激烈的人才竞争中就可以占据优势,稳握胜券。你认为这种“留一手”和“狡兔三窟”是不是有相通之处?如果是的,那么你准备怎样为自己准备“三窟”,或是留一手呢?

明察秋毫

阅读提示

在中国封建社会中，“不孝有三，无后为大”，而且有无后代，往往还涉及能否继承家业财产之类的问题。因此拐骗买卖孩子的事情屡见不鲜，而且争夺孩子的事也时有发生。本篇收集的就是几个争夺小孩的诉讼故事。

在今天看来，这样的官司都是很容易解决的。只要深入群众进行调查研究，收集有关的人证、物证，或者运用科学检验之类的方法，就不难作出正确的判定。然而在这些故事发生的当时，由于种种条件的限制，如户籍管理不严，科研水平落后等，根本不可能采用上述方法，因此解决这些问题还是相当棘手的。正基于此，这些问题的解决更显示了断案人明察秋毫的智慧。

讲故事

前汉时期，颍川地区一个富户人家有兄弟两人，先后结了婚，他们的妻子又先后怀了孕。后来，长嫂的胎儿流产了，夫妇二人十分伤心。他们听人说过，流产的女人再怀上孩子还会流产，于是伤心之外又有些害怕。长嫂这个人心计多，她告诉男人，流产的事不得让外人知道，暗暗隐瞒着，而且出门的时候总是在衣服里塞些东西。外人见到了，一直认为她还怀着孩子。

不久，弟媳的孩子顺利生了下来，而且是个男孩。这时，哥哥那边说：“长嫂也生了孩子，而且也是个男孩。”兄弟二人同得贵子，真是合家欢乐。

这一天，长嫂来到弟媳房中，说要看看小侄子，弟媳就将怀中正在吃奶的孩子递给了她。谁知长嫂接过孩子，就径自抱回自己房中。弟媳随后去要，长嫂却不认账了，说孩子是她自己的，弟媳顿时傻了眼。

于是兄弟反目，妯娌成仇，打起了官司。可是谁也断不了这个案子，一拖3年，始终都没有结果。

后来郡守黄霸知道了这件事。他略加思索，有办法了，便亲自升堂审理。

妯娌二人被传到公堂之上，分站两边，小孩也抱来了，放在她们中间。郡守发话说：“你们争了3年，还没有结果。如今小孩都这么大了，还不知道谁是他的亲娘，案子不能再拖了。本官今天决定，你们两人来抢，谁抢到了，孩子就是谁的。”

话音未落，妯娌二人几乎同时向孩子冲了过去，一个拽着孩子的右手，一个扯着孩子的左手拼命把孩子往自己这边拉。一个3岁的孩子怎么受得了，于是“哇哇”大声哭了起来。

孩子一哭，弟媳就松了手，泪水也同时滚落下来，脸色极为凄婉悲怆。而长嫂此时正把孩子抱在手中，一副得意扬扬的样子。

郡守把这一切都看在眼里，心里已经有数，只见他将惊堂木一拍，对长嫂叱责说：“你贪图家产，一心要把孩子抢到手里，完全不考虑孩子会不会受到伤害。这件事不是再清楚不过了吗？”于是断定孩子是弟媳的，长嫂也终于低头服了罪。

以上是妯娌争子的故事，下面这个案子也是争子，不过发生在姊妹二人之间。

这姊妹俩是惠州人，出嫁以后婆家又是隔壁邻居。这是多好的缘分，但她们却偏偏为了孩子的事情闹得不可开交。

姐姐这一边不知什么原因就是怀不上孩子，后来丈夫讨了妾，妾马上就怀上了。再说妹妹嫁过来以后，也有了身孕。无巧不成书，妹妹和姐夫的妾几乎同时生产，但妹妹生的是儿子，姐夫的妾生的却是丫头。

姐姐这时就开始打主意了。她首先对外面说生的是儿子，然后找了一个机会，在妹妹家旁边的房子里放了一把火，乘着妹妹全家人慌忙救火的时候，把妹妹的儿子偷偷抱了回来，正巧又被妹妹家的人看见了。可是不管怎么上门去要，姐姐就是不肯给，还一口咬定孩子是自己家的妾生的。官司打到县衙门，双方都拿不出其他证据来。

当时惠州县令陈祥心里已经有办法了。他故意自言自语地说：“既无旁证，看来只有杀死这个孩子才能了结了！”于是吩咐在堂下放了一口缸，里面盛满水，对姐妹两人说道：“我要溺死这个孩子来解决你们的纠纷！”一边说一边下令将姐妹俩带走。这时，只见衙役在县令的呵斥下正把孩子投入缸中。妹妹不禁叫了起来，赶紧返身来救，结果摔倒在公堂之下，而姐姐却无动于衷地径自走了。

其实陈县令事先偷偷跟衙役作了交待：务必留心，不得真将孩子溺死。他只是做了个假动作，真实情况就暴露无遗了，最后判定，孩子当然是妹妹的。

以上两例，当事人或为妯娌，或为姐妹，而下面的第三个例子，当事人之间却什么关系也没有。

事情发生在寿春县。一个叫苟泰的人，儿子 3 岁时被人拐骗跑了，找了好几年都没有音讯。后来偶然发现儿子在同县赵奉伯家，于是告到了县里。

在公堂上，双方言之凿凿，都说孩子是自己的，并且都有邻居作证。县令李崇道：“你们争执不下，我也无法判定。你们暂且都不必回家了，容本县详察之后再作决断。”说完，吩咐将苟泰、赵奉伯和小孩分三个地方监禁起来。不闻不问，这样过了一段时间。

突然有一天，李县令偷偷派人分别来到苟泰和赵奉伯住的地方，慌里慌张地向他们报告说：“不好了，你儿子昨天不幸得了暴病死掉了。”苟泰闻报，当即嚎啕大哭起来，悲痛欲绝；而赵奉伯仅仅只是叹息感慨了一番。

儿子死了的消息当然是假的，这是李县令为试探苟泰和赵奉伯而想的办法。派出报告消息的人回来一讲，李县令马上就明白了真相，随即开堂，将三人带到公堂之上，将孩子判给了苟泰。

李县令随后又审讯赵奉伯。赵奉伯吞吞吐吐地交待说：“我本来也有个孩子，后来死掉了，因此有人卖这孩子，我就留下来假冒我那死去的儿子。”

案情至此一清二楚，苟泰领着终于找到的儿子，高高兴兴地回家去了。

动脑筋

（1）黄霸、陈祥、李崇解决儿子归属问题所使用的方法虽然略有不同，但有一点却是相同的。你能指出这个共同点是什么吗？

（2）另外，在第三个案子中，为什么当事人苟泰和赵奉伯都有邻居出来作证呢？

谈言微中

阅读提示

这里介绍的优孟、优旃的故事，出自《史记·滑稽列传》。中国古代的“优”，特指以戏谑为生的艺人。从优孟、优旃的故事中可以看出，他们的戏谑未必都是卑俗不堪的噱头和趣味低级的玩笑，而是不乏执着追求的热情和智慧的闪光，而且一样可以发挥有益于社会的作用。难怪司马迁感叹道：“平常说话说到点子上，也是可以解决问题和纠纷的。”

讲故事

楚庄王时，有个名叫优孟的艺人，身高8尺，仪表堂堂，他不但能歌善乐，而且极有辩才，经常用戏谑玩笑的方式对国君讽喻进谏。

当时，楚庄王养了一匹爱马，给它穿花衣裳，住漂亮房子，睡豪华的床铺，吃枣做的果脯。想不到这匹马养得太肥，结果得了肥胖病死掉了。楚庄王十分悲痛，令群臣为这匹马大办丧事，并且要用大夫级别的棺木隆重地举行礼葬。楚王左右的人都极力劝阻，认为这样做太不应该了。可是楚王主意已定，下令说：“哪个敢因为葬马而进谏，其罪当死！”

优孟决定制止这件荒唐事，于是上朝来见楚王。一进殿门，便仰天大哭起来。楚王大为惊讶，问他哭什么。优孟说：“这匹马是大王的爱马，我们楚国是堂堂大国，要什么有什么，可是对您的爱马只是按大夫级别来安葬，太寒碜了。我看还是按国君的级别来安葬它吧！”

楚王问道："那该怎么办呢？"

优孟回答说："我看要用雕花玉石的棺，细文梓木为椁，外面的材料则选用上好的楩木、枫木和梓木。再派披甲戴盔的兵士去挖墓道，老弱无力的百姓去搬运墓土。举行葬礼时，请齐国、赵国的来宾充当陪祭，在前面开路；请韩国、魏国的来宾守卫两旁，尾随其后。还要为它修庙，永享太牢之礼的祭祀；再拿万户之邑的税收，作它常年祭祀、洒扫的开销。其他诸侯听说这件事后，就可以知道我们大王是轻视人而重视马了。"

楚庄王终于听出了优孟的弦外之音，叹息道："我的过失竟然到了这样的地步吗？那么你说该怎么办呢？"

优孟回答说："我看还是按对待六畜的办法给他送葬的好：用灶膛为椁，铜锅为棺，里面备以生姜、大枣，配点木兰，再祭上稻谷，点火烹调，最后，让它安葬在人的肚里吧！"

楚王终于醒悟过来，便吩咐把死马送到管理御膳的官员那里，并且不准再提这件事了。

再说秦始皇的时候，有一个叫优旃的艺人。虽然是个侏儒，但却滑稽多智，往往几句笑话反语，便能让皇上幡然醒悟，一改初衷。

有一年，秦始皇提起扩大皇室猎场的事，打算往东延伸到函谷关一带，往西则拓展到雍和陈仓的县界。这样一来，几千万亩农田就不能再种庄稼了。优旃听说这件事后，就对秦始皇说："好得很啊。猎场扩大了，正好可以在里面多养些禽兽，要是敌人从东边进攻秦国，只需让大小鹿群去撞死他们就行了。"

秦始皇一听就明白了，优旃这是在讽刺他啊。不过转念一想，也觉得优旃讲得在理，于是不再提扩大猎场的事了。

后来秦始皇死了，他的儿子胡亥做了二世皇帝。秦二世一当政，心血来潮，突发奇想，要把咸阳城的城墙整个刷一遍油漆。优旃又对秦二世说："这可是天大的好事啊。就是皇上您不提起，我也正要请求您这样做呢！翻新城墙虽然会让老百姓发愁交捐纳税，但是城墙油光锃亮，该是多么漂亮，多么堂皇！就是敌人进攻也一定爬不上来。不过油漆要在遮蔽太阳的棚子里，才能阴干，现在想要刷油漆并不困难，可是到哪里去找容下咸阳城墙这样大的棚子呢？"

秦二世一听，明白这件事真的难以办到，便讪笑着收回了翻新城墙的主意。

动脑筋

本篇所选的三个故事有一个共同点，那就是讽谏楚庄王、秦始皇和秦二世时，都采用了逻辑学中归谬反驳的方法。例如优孟劝谏楚庄王，开始不但不说楚庄王不对，还假意肯定和赞扬他的做法，然后顺承楚庄王的意思，导致连楚庄王自己都觉得很荒唐，从而使楚庄王幡然悔悟，自己取消了厚葬爱马的决定。

请你分析一下在优旃对秦始皇和秦二世的讽谏中，又是如何运用这个方法的。

少年老成

阅读提示

在中国乃至世界几千年的封建社会中,世袭继位的小皇帝可谓不计其数,而凭借自己的聪明才干在12岁的小小年纪当上丞相的,恐怕就绝无仅有了,这个人就是秦国少年丞相甘罗。

下面这个故事,很多地方都值得思考与玩味。假如甘罗不善于察言观色,怎么会知道吕不韦满腹心事呢?假如缺少勇气和胆略,他怎么敢主动请缨呢?假如不具备审时度势,晓以利害的超人睿智,他又怎么能够说服张唐和赵王呢?而最为可贵的则是,甘罗作为一个贵族子弟,他没有安于在祖先的荫庇下坐享其成,而是凭借自己的努力奋斗建功立业。这一点,更是值得我们学习的。

讲故事

甘罗是战国时期秦国名臣甘茂的孙子。甘茂去世那年,甘罗才12岁,便开始在国相吕不韦门下做事。

几年前,秦国派了刚成君蔡泽与燕国通好;3年之后,燕王慑于秦国的威力,也把太子丹送到秦国作人质,表示对秦国的信任。这时,秦国又决定派张唐去燕国当国相,打算与燕国联合起来共同攻打赵国,扩大河间一带的国土。

这件事让张唐感到十分为难,最后他还是硬着头皮对国相吕不韦说:“我曾经为秦昭王攻打过赵国，赵国君臣上下至今还怨恨我，声称：'谁抓住张唐，就赏给谁100亩土地。'如今我去燕国，非得经过赵国，我怎么能去呢？”

吕不韦见张唐推托，心里很不高兴。他没有办法可以强迫他，但是秦王那里又如何交差呢？回到家里，心里还为这件事着急。

甘罗见吕不韦如此，问道：“国相这几天好像很不高兴，是有什么事吗？”

吕不韦说：“3年前我派刚成君蔡泽通好燕国，如今燕太子丹也作为人质来到秦国。我看时机已经成熟，便派张唐去燕国做国相，以便联合燕国攻打赵国，可是他却借故推托，不肯前往。这件事国君催得很紧，我实在是发愁啊！”

甘罗略加思索，便自告奋勇地说：“那就让我去说服他吧。”

吕不韦以为甘罗在开玩笑，生气地说：“算了吧。我亲自出马请他都不答应，你一个小孩子又有什么办法叫他去呢？”

甘罗振振有词地说：“项橐才7岁就当了孔子的老师。我今年已经12岁了，您就让我试一下，何必这么快就生气呢？”

甘罗见国相点头答应了，立刻就去了张唐那里。甘罗说明来意之后，首先问张唐：“您的功劳跟武安君比，哪个大？”甘罗说的武安君是秦昭王时的名将白起，他曾统帅秦兵击败韩、魏、赵、楚等国，为秦国夺得了大片土地，封为武安君。

张唐说：“武安君南败强楚，北镇燕、赵，战必胜，攻必克，破城夺地，不计其数。我的功劳远远比不上他啊！”

甘罗接着又问：“应侯和文信侯在秦国的地位与权力，哪个更高、更大呢？”甘罗说的应侯，是秦昭王时的国相，而文信侯就是当时的国相吕不韦。

张唐马上说道：“应侯当然不如文信侯。”

甘罗又故意追问：“您真的认为应侯的权力没有文信侯大吗？”

张唐说：“我的确是这样想的。”

于是甘罗接着说：“当年应侯想要攻打越国，而武安君不赞成，结果离开咸阳才走了7里路，就在杜邮被逼身死。如今文信侯亲自请您去燕国为相而您却不肯前往。我真不知道哪里是您的葬身之处了。”

甘罗一席话，终于使张唐醒悟过来，立即表明态度说：“请您回报文信侯，我马上就动身！”同时吩咐收拾行装，准备出发。

行期决定以后，甘罗又对吕不韦说：“请您借给我5辆马车，让我先到赵国为张唐疏通一下。”

吕不韦于是上朝向秦王报告说：“先朝谋臣甘茂的孙子甘罗，现在还仅仅是个少年，但他出身名门，诸侯各国都知道他的名声。最近，张唐借故推托，想不去燕国，最后还是甘罗说服了他。现在甘罗愿意先去赵国打个招呼，请大王同意派他前往。”

于是秦王召见甘罗，正式委派他出使赵国。

赵襄王得知秦国派甘罗来了，便亲自出城迎接。安顿完毕，随即在宫中接见了甘罗。

甘罗问赵王：“燕太子丹到秦国做人质的事，大王听说了吗？”

赵王说：“已经听说了。”

甘罗又问：“那么张唐要去燕国做国相的事也听说了吗？”

“也听说了。”赵王回答。

甘罗随后不紧不慢地说道：“燕太子丹到秦国作人质，说明燕国对秦国的信服；张唐去燕国做国相，表明秦国对燕国的友好。秦、燕两国相互信任，联合起来攻打赵国，您赵国可危险了。不过秦、燕两国这样相互信任没有别的原因，只是想要攻打赵国扩展河间的土地罢了。大王您还不如给我5座城池，使秦国得以扩展河间的土地，这样我就可以说服秦王把燕太子丹送回燕国，使秦、燕两国的关系疏远，然后我们秦国与强大的赵国就可以联合起来，共同进攻弱小的燕国了。”

赵王听了，觉得主意不错，马上割让了5座城池给秦国。秦国在河间一带的土地得到扩展，随即将燕太子丹送回燕国。不久，赵国出兵攻打燕国，夺得上谷城池30座，又送给秦国11座。这些都是后话了。

再说甘罗完成使命后，回咸阳报告秦王。秦王听了报告，非常赞赏他的聪明才智和为国效力的精神，当即封他为上卿，又将早先甘茂的封地和房屋都赐给了他。

在当时，上卿相当于丞相，是朝廷中最高的官职了。于是，少年丞相甘罗，从此名扬四海。

动脑筋

张唐不愿去燕国当国相，国相吕不韦都拿他没有办法，而甘罗却能说服张唐接受了这个任务。你能具体分析一下，指出甘罗是通过什么方法说服张唐的吗？

上楼抽梯

阅读提示

上楼抽梯，也叫上屋抽梯，是兵书《三十六计》并战计中的一条。

作为一个成语，上楼抽梯典出《三国志·蜀书·诸葛亮传》。该书记载，刘表喜欢少子刘琮而不喜欢长子刘琦。刘琦知道是继母作怪，非常不安，几次请诸葛亮指点办法，而诸葛亮为避嫌疑，始终没有答应。一次，刘琦将诸葛亮邀到后园游玩，同上高楼饮宴时，暗中令人把梯子抽走，然后说："今日上不着天，下不着地，话从您口中出来，从我耳中进去，可以指教了吧？"这就是"上楼抽梯"的来历。

军事上所谓"上楼抽梯"，有时指诱敌深入，阻敌援兵，断其退路的"口袋"战术，但并非这一成语的本意。上楼抽梯的原意，是指把自己的队伍置于有进无退之地，破釜沉舟，迫使士卒与敌人决一死战。《孙子兵法》中"师兴之期，如登高而去其梯"，说的就是这个意思。

上楼抽梯的计谋，不但载于兵法而且屡见于实战之中。本篇韩信巧布背水阵就是这方面的一个生动战例。

讲故事

秦朝末年，陈胜首先揭竿起义，随之各地豪杰并起，早先被秦王灭了的楚、赵、韩、燕、齐等国，也陆续有人响应，不过唱主角的，则是项羽和刘邦的两支力量。比较而言，项羽的力量开始更强大一些，因此他可以拥立楚怀王，对刘邦只是封了个“汉王”，让他待在交通闭塞的汉中之地。刘邦当然不会就范，便在萧何、韩信的辅助下，极力打出汉中，向东发展，而首当其冲的就是赵国。

公元前204年10月，韩信与副将张耳率领数万人马，打算向东突破井陉口，攻打赵国。赵王及其国相陈余听到这个消息后，便在井陉口聚集了20万大军，准备迎战。

这时，赵国有个名叫李左车的人向陈余献计说：“韩信强渡西河，俘虏魏王，生擒夏说，阏与一战，处处喋血；如今又以张耳为副将，大有一举攻下赵国之势。他们现在是乘胜而来，诚然锐不可当；不过远离故土，在外作战，则是他们最大的弱点。我听说，千里送粮，士卒难免饥色；临时砍柴做饭，部队难以吃饱。眼下井陉的道路既险要又狭窄，车辆无法并驰，马队只能单行，他们远道而来，走了好几百里路，估计粮草辎重，一定远远落在后面。请您分兵3万与我，抄小路去拦截他们的粮草；您则在这里深沟高垒，死守营寨，不与他们交锋。汉军向前无仗可打，向后又无法退兵，我们再出奇兵断其后路，使他们在荒野之中抢不到一颗粮食。这样一来，要不了10天，韩信和张耳的脑袋就可手到擒来。望您能够认真考虑并且采纳我的意见，要不然，我们就要成为这两个人的阶下囚了。”

李左车的建议，可谓深谙用兵之道，然而陈余偏偏是个迂腐不堪的书生，平常就喜欢鼓吹什么仁义之师不行诈术，不使计谋。李左车的话他当然听不进去，还说：“兵法中讲得很清楚：‘有十倍于敌人的力量，就可以围困它；有超过敌人一倍的力量，就可以向它开战。’如今韩信的兵力号称有数万之众，其实不过几千人马，千里迢迢来攻打我们，大概也疲惫得差不多了。这种情况下还要躲着他，不敢进击，后面大部队到了，又该如何对付呢？而且这样一来，其他诸侯必定认为我们太怯弱了，将来动不动地来向我寻衅，那该怎么办呢？”李左车的建议，就这样被否定了。

然而李左车的建议，倒是引起另外一个人的警觉和担忧，此人就是韩信。韩信派人暗中窥探，得知李左车的计策没被采用，大喜过望，这才放开胆子率兵进入井陉狭道，并且在离井陉口30里的地方驻扎下来。

后半夜，韩信传下命令，挑选轻骑兵两千名，每人持一面红旗，从小路上山，在离赵军营寨很近的地方埋伏起来，并且交代说：“赵军见我军后退，一定会倾巢而出追逐我军，那时，你们就乘机迅即占据赵军营寨，将赵军旗帜拔掉，插上汉军的旗帜。”随后又吩咐副将传令全军随便填了一下肚子，并且许诺说："今天击败赵军后，我们再开怀痛饮，饱餐一顿！"但将士们对韩信的话并不相信。敌强我弱，战胜赵军又谈何容易！因此只是随口回应道："好吧！"

这时韩信又对手下军官说："赵军已经抢先占据了险要地势，壁垒森严。不过他们的胃口太大，想把我军一举歼灭，生怕我们碰到艰难险阻会往回撤兵，因此没有见到我军主力的旗帜仪仗，是不会轻易向我们的先头部队发动攻击的。"

就这样，韩信一声令下，汉军一万多人果然顺利通过了井陉口，接着，韩信又调动队伍，背对河水摆开了战列。赵军远远见了，都禁不住大笑起来，因为背水布阵，自断退路，是兵家的大忌！但他们哪里知道，这正是韩信处心积虑布下的背水阵呢？

第二天一大早，韩信下令打出了主将的旗帜，擂起战鼓，指挥后续队伍，向井陉口开赴过来。赵军以为时机已到，果然大开营门迎击汉军。双方相持不下，打了好一阵子。不久，韩信、张耳传令扔下旗帜仪仗，假装败下阵来，向水边的汉军阵地靠拢。水边的汉军这时也将寨门通通打开。赵军见状，果然倾巢而出，争先恐后抢夺汉军的旗帜仪仗，一心想把韩信、张耳生擒活捉。这时，韩信、张耳所带领的队伍已与水边的队伍汇集起来，与赵军展开了殊死力战；赵军力量虽然强得多，但就是无法战胜汉军。

再说韩信早先派出的二千伏兵，见赵军人马倾巢而出，营垒空虚，便乘机冲了进去，把赵军的旗帜统统拔掉，并且插上了汉军的红旗。正在前线鏖战的赵军见始终不能得手，也不能活捉韩信，便打算返回营垒，再作计议。可是回头一看，不禁大惊失色，营垒里尽是汉军的红旗，便以为汉军已经抓获了赵王及其将领，顿时军心大乱，纷纷溃逃，督战的将领这时想阻拦也阻拦不住了。汉军前后夹击，赵军大败，不死即俘，陈余丧命，赵王也被汉军生擒了。

战斗结束后，众将官纷纷献上赵军的首级和俘虏，向韩信祝贺，并且问道："兵法规定，布阵要右后方靠山，左前方临水。可是这次您却让我们背水列阵，还满有把握地说打败赵军再来会餐。当时我们都不相信，可是结果真的打了胜仗，这是什么原因呢？"

韩信笑着说："我这种做法，兵法中也是有的，只是你们没有留心罢了。兵法中不是写得清清楚楚吗：'陷之死地而后生，置之亡地而后存。'再说，我带你们这支队伍，还来不及进行严格的训练，上下左右都没有理得很顺，实际上无异于带着一班乌合之众参加战斗。在这种情况下，就只有将大家置之死地，使人人都拼死力战。如果不是这样，让大家都有退路活路，岂不早就跑光了？哪里还能够打胜仗呢？”

众将士听了，没有一个不佩服的，纷纷说道：“将军真是用兵如神啊！我们一般人怎么比得上呢！”

动脑筋

据说这次战斗还在激烈地进行时，韩信便下了一道命令：不要杀了李左车，能够生擒李左车的赏钱千金。后来果然有人将李左车捆缚了送到韩信帐下。韩信一见，赶紧上前，亲自为李左车解开绳索，让他东向坐下，自己西向而坐，如同对待老师一样，而李左车最后终于归顺了汉军。

韩信为什么不杀李左车？为什么要亲自为他松绑，并像对待老师一样地对待他？

物理可知

阅读提示

战国时期唯物主义思想家荀子讲过一句名言:“凡以知,人之性也;可以知,物之理也。”意思是说:人的天性和智慧,是用来认识事物的;而事物的道理,则是可以认识的。应该说,这是一种非常精辟的关于世界可知的思想。

本篇所讲的故事,正是“物理可知”的生动例证,它说明,只要我们开动脑筋,发挥自己的聪明才智,许多看起来不可思议、无法解决的现象和难题,都是可以认识和解决的,许多开始时不可能暴露的隐患,也是可以防患于未然的。

讲故事

今天,提起意大利的比萨斜塔,大概很少有人不知道的。经过科学家们的考察分析,这座塔塔身倾斜的原因是建塔时地基没有奠好,而且这种倾斜至今还在继续。如不采取有效措施,那么这座世界闻名的古代建筑终究难免有倒塌的一天。

据说比萨塔刚建成时还是稳稳当当的,时隔不久才开始倾斜。那么你是否知道,在我国古代有一座塔,刚建成的时候就是斜的,而且是有意为之,后来却慢慢变正了呢?这座“改斜归正”的塔,就是河南开封的开宝寺塔。这座塔的设计者和建造者,就是我国古代著名的建筑工匠喻皓。

其实，早在开宝寺塔修建以前，喻皓的非凡智慧和精湛技艺就已经闻名遐迩了。

当时，割据浙江的吴越王钱镠下令在杭州梵天寺新建一座木塔。刚刚建了两三层，钱镠就兴致勃勃地登塔观赏，可是发觉塔在微微晃动，顿时满脸不高兴起来。负责修塔的匠师见状，连忙解释说："塔上还没有铺瓦，上部轻，所以才这么晃动。"

后来塔顶上铺了瓦，塔还是照样晃动。人们百思不得其解。终于有人想起喻皓，便马上把他请来。

喻皓看了现场，听了情况介绍后，笑着说："这件事很容易！只要一层一层把木板铺好，用钉子钉结实，木塔就不会晃动了。"

修塔的匠师按喻皓说的办法做了之后，木塔果然固定住，不再晃动了。

这是什么原因呢？喻皓解释说："木板铺好钉牢后，每一层都如同一只大箱子，其上下左右前后六个面紧密相连。人踩在木板上，由于力的作用，这六个面便相互牵制又相互支撑，木塔当然不再晃动了。"

喻皓定塔的事迹传开后，人们都很佩服喻皓的技艺精湛和处事干练。

那么，开宝寺塔又是怎么回事呢？

这座塔，当时是开封许多塔中最高的一座，八角13层，计高36丈，喻皓用了整整8年的时间才完成了这座规模宏大、格局精巧的我国古代建筑史上的杰作。

开宝寺塔刚刚建成的时候，许多人惊奇地发现，塔身是歪的，往西北方向倾斜。他们以为塔造坏了，便去问喻皓。

喻皓说："塔没有造坏，我是有意这样修的。因为开封地势平坦，周围又没有山的遮挡，而且西北风长年不断。西北风这样吹个百把年，塔身就可以正过来了。"

后来的事实果然证明了喻皓的预见，因而也有力地证明：他的设计思想和建塔技艺都是无与伦比的。

动脑筋

喻皓建开宝寺塔为什么要有意使塔身往西北方向倾斜？他主要考虑了哪几个因素？

女中辩才

阅读提示

在封建社会中，广大妇女身受政权、神权、族权、夫权四座大山的压迫，生活在社会生活的最底层。一句“女子无才便是德”，更是不知扼杀了多少女性的才情与智慧。然而尽管如此，她们之中还是崛起了君临天下的武则天、一代词人的李清照、造福后人的黄道婆……

女子不一定不如男子，男子也未必都比女子强。本篇故事的女主人公，其无碍的辩才，是丝毫不比男子逊色的。故以“女中辩才”名之。

讲故事

东汉著名经学家、文学家马融有一个女儿叫马伦。马伦自幼聪明，饱读诗书，加之父亲的熏陶，诗词歌赋无一不通，尤其是一口辩才，极为出色。马伦后来嫁给一个叫袁隗的人。这袁隗素闻马伦的才名，不知道是不相信还是不服气，几次想要难倒她，结果每次都搬起石头砸了自己的脚，被马伦整得落花流水。

第一次交锋发生在刚刚结婚不久的一天。因为是大户人家，马伦的嫁妆办得特别的多。袁隗得了便宜还卖乖，故意问马伦：“出嫁做媳妇，进门过日子，何必带这样珍贵、华丽的东西呢？”

马伦这次还未摸到丈夫的脾气，随口答道：“这是父母亲的情分，我做女儿的就是不想要也不敢违命啊。夫君若是仰慕鲍宣、梁鸿那样高尚的节操，那么为人妻者，我也是可以像少君、孟光那样行事的。”

马伦这里所说的鲍宣与少君、梁鸿与孟光，是当时乃至后世备受推崇的两对“模范夫妻”。鲍宣是西汉时人，读书的时候，很受老师器重，老师便把女儿桓少君许配给他；而且老师见他很清贫，结婚时又陪送了很丰厚的嫁妆。不料鲍宣却心事重重，对妻子说：“你是大家闺秀，而我却一贫如洗，我实在是害怕承受不起。”谁知桓少君并不娇生惯养，结婚之后，与鲍宣一起拉着车子来到婆家，恪守妇道，勤快贤惠，粗活、重活，样样拿得起，放得下，乡邻见了，无不夸奖他们妻贤夫仁。鲍宣后来官至谏大夫，以敢向皇帝直言谏诤而著称。王莽篡位后，他宁死不从，最后殉节自杀。

梁鸿则是东汉时人，虽然家贫，却志向远大。后来娶孟光为妻，两人相敬如宾，十分恩爱。孟光也很贤惠，每次端饭给梁鸿，都要举得跟眉毛一样高。“举案齐眉”的成语就来源于此。

马伦提到这些人，显然软中带硬，那意思是说：只要你尊德尚礼，我也不会让你丢脸。尽管如此，她并没有让丈夫下不了台。毕竟是刚刚成婚，况且丈夫说不定是偶尔相问，何必当真呢？

谁知袁隗竟不识相，于是又有了第二次较量。袁隗知道马伦有个姐姐尚未出嫁，仍待字闺中，便又借题发挥说：“我听人家讲，做弟弟的若是抢在哥哥前面先成家，世人都要鄙笑。那么姐姐还没有出嫁，当妹妹的可以先嫁人吗？”

马伦一听，知道来语不善，看来得让他尝点厉害，于是反唇相讥道：“我姐姐志行高洁，眼界远大，因此还没有遇见可以匹配的对象。哪里会像我这样孤陋寡闻，见识浅薄，随随便便找一个就算了呢？”

这几句话的确够袁隗消受的，看来马伦也不留情面了。可是袁隗仍不罢休，结果就有了第三次的较量。

这一次袁隗是在老丈人身上做文章。

前面提到过，马伦的父亲马融是东汉著名的经学家、文学家。马融学识极其渊博，曾遍注《周易》《尚书》《毛诗》《三礼》《论语》《孝经》等，使古文经学达到较为成熟的地步。他的学生有一千多人，著名学者郑玄、卢植等都出其门下。然而也有人不买马融的账，甚至背后讲他的坏话。这本来是很正常的现象。“谁人背后无人说”呢？而袁隗偏偏就要利用这个作为炮弹。马融人称“南郎君”，于是袁隗问马伦：

“南郎君才高八斗，学富五车，文章诗词举世无双，可是动不动就有人讲他的坏话，这是什么原因呢？”

袁隗这样说话，不但是不识相，简直是有些无礼了。但马伦没有动火，只是从容回答说：

“孔子是个大圣人，可是武叔却诋毁他；子路是个大贤人，可是伯寮却非议他。家父遭到一些人的非难，这本世间应有之意，又有什么值得大惊小怪的呢？”

几个回合下来，袁隗次次理屈词穷，根本不是马伦的对手。从此以后，袁隗在妻子面前，只好甘拜下风了。

动脑筋

明朝末年的冯梦龙曾将这个故事收进他的《智囊》一书，并且在马伦第二次“回击”袁隗的答语后批注道：“隗应大惭。”就是说，听了马伦的第二次答话，袁隗应该感到非常地羞愧。你同意这个批注吗？为什么呢？

舌战群儒

阅读提示

在中国,诸葛亮是一个家喻户晓的富有传奇色彩的人物,而且一直是中国人民心目中聪明和智慧的化身,甚至他的名字本身,也早已成为"智慧"的代名词了。俗语说:"三个臭皮匠,顶个诸葛亮。"就是生动的证明。

"舌战群儒"写的是诸葛亮在刘备战败之后,去吴国游说孙权共同抗曹时与吴国主降派(即向曹操投降)的一场针锋相对、唇枪舌剑的辩驳。在这个故事中,我们不但可以领略到诸葛亮了无挂碍、如行云流水般的口才,而且也可以学习他高屋建瓴,气吞万里的雄辩气概以及慧眼独具,鞭辟入里的辩驳技巧。可以毫不夸张地说:舌战群儒的故事,就是一部最生动、最形象、最实际的论辩教科书。

讲故事

诸葛亮随鲁肃来到帐下,召见东吴张昭、顾雍一班文武官员共20多人,戴着高帽子,系着宽绶带,衣冠楚楚整整齐齐地坐在那里。诸葛亮一一见过,互通姓名,寒暄施礼,然后在客位上坐了下来。

张昭是东吴主降派的首领,诸葛亮刚一坐下,他就话中带刺地问道:"我张昭在江东实在是微不足道,但也久闻先生在隆中隐居时,自比管仲、乐毅,真有这样的说法吗?"

诸葛亮坦然答道："这句话不过是我平生略感可取的一个比方罢了。"

张昭紧接着又问道："我最近听说刘备先后三次登门拜访先生，认为有了您便如鱼得水，一心要拿下荆襄之地。如今一夜之间，荆襄一带已为曹操所有，我不知道先生对此该作何解释？"

诸葛亮暗自思忖，张昭是东吴孙权手下第一谋士，如果不先驳倒他，又怎么能够说服孙权呢？于是从容答道：

"依我看，夺取荆襄一带，易如反掌。只是我们主公刘备躬行仁义，不忍心同室操戈，抢夺刘氏同宗的基业，所以坚决不那样做。而刘琮这个少不更事的后生，却听信奸佞之言，暗自投降曹操，这样才使得曹操得逞于一时。如今我们主公屯兵江夏，另外有了更好的谋划，这些就不是等闲之辈可以知道的了。"

这时张昭抢着说："如果这样，那么先生的言行就不一致了。先生自比管仲、乐毅——管仲辅佐桓公，称霸诸侯各国，普天之下莫不臣服；乐毅扶持势微力弱的燕国，统帅大军，连下齐国70多座城池。这两个人，才是真正的济世之才。先生您在隆中隐居时，尽可以笑傲山间的清风明月，手抱双膝正襟危坐而无所事事。但如今既然跟从刘备同谋大事，就应该为生灵兴利除害，剿灭乱臣贼子。而且刘备没有结识先生以前，尚且轰轰烈烈，拥有不少城池，现在得到先生，大家也就有了指望，如同仰望天上的日月星辰。即便是不怎么懂事的小孩子，也说这是猛虎插上了翅膀，汉室复兴指日可待，曹氏逆贼马上就要完蛋了。朝廷过去的臣子，避居山林的隐士，大家都眼巴巴地盼着这一天哩。并且大家都以为，拂去天空的阴云，仰承日月的光辉，拯救生民于水火之中，安排天下于座席之上，就在这个时候了。为什么自从先生回到豫州，曹兵一出击，您的部队就弃甲抛戈，望风而逃，上不能报答刘表以安定平民百姓，下不能辅佐皇叔而据守疆土。于是丢弃新野，败走樊城，军败当阳，逃奔夏口，连容身之地都没有了，莫非刘备得到先生您之后，反不如他当初了？管仲，乐毅会是这样的吗？这些愚钝耿直的说法，先生您可千万不要见怪！"

诸葛亮好不容易把话听完，不禁哑然失笑，说道："大鹏高飞万里，其远大志向岂是一般鸟雀所能了解的呢？比方人得了重病，应当先喂熬得稀烂的米粥，服平和一些的汤药；待到他腑脏调和，形体渐安，再补以肉食，下较猛的药方。只有这样，才能完全去掉病根，身体才能完全康复。如果不等气脉和缓，便急忙投以猛药厚味，那么想求平安保全，实在是太难了。我们主

▲舌战群儒

公刘备，前一段军败汝南，投靠刘表，当时兵士不满千人，将领也只有关羽、张飞、赵云而已，这个时候正如病体羸弱到了极点。新野只是山地的一个偏僻小县，人口稀少，粮食也不充足，我们主公不过是暂借此地安身，怎么会真的坐守此地呢？武器不完备，城防不坚固，士兵未经训练，甚至连隔日的军粮都无法保证，然而就是这样一支队伍，博望烧屯，白河用水，略施小计，就使夏侯惇、曹仁等辈心惊胆战。我想，就是管仲、乐毅指挥打仗，不一定超过得了。至于说到刘琮投降曹操，刘备实在是不得而知，而且又不忍心乘乱夺取刘氏同宗的基业，这才是真正的大仁大义啊！当阳一战失利，刘备看见数十万赴义之民，扶老携幼相随，实在不忍丢弃他们，结果一天行不了10里路，完全不考虑怎么样快些赶到江陵，心甘情愿与百姓在一起，这也是大仁大义啊！其时，敌强我弱，寡不敌众，又何况胜败乃兵家常事。以前高祖皇帝在项羽面前吃了好几次败仗，可是到了垓下之役，一举成功，这难道不是韩信出色的谋划吗？就说韩信吧，他长期为高祖皇帝效力，也没有能够打一仗就胜一仗。因此国家大计、社稷安危，是需要有人负责谋划的，这决不同于那些处处夸口、事事强辩的家伙，靠虚妄之名到处欺人；坐着光发议论，谈起话来不着边际，谁也比不上他；可是到了关键时刻，需要应付各种形势变化，却又拿不出一点办法。这样的人，只好让天下人见笑了！”诸葛亮这一番话，软中有硬，绵里藏针，说得张昭瞠目结舌。

这时候，座中一个人高声问道：“如今曹操统辖士兵百万，将领千员，正好比天龙行空，虎视眈眈，仿佛要把江夏一口吞掉，先生怎么看呢？”

诸葛亮抬眼一瞧，原来是东吴谋臣虞翻，便答道：

“曹操收留袁绍手下的杂牌队伍，又将刘表麾下的乌合之众拉来凑数，这样的队伍，就是几百万也用不着害怕。”

虞翻冷笑一声，说：“当阳之战大败而逃，夏口栖身又无计可施，可怜巴巴地求救于人，还说什么‘不害怕’，这不是说大话欺骗人吗？”

诸葛亮反讥道：“刘备手下的兵力不过几千人，怎么能够抵挡得住上百万残暴之众呢？退守夏口，为的是等待时机。如今江东兵精粮足，又有长江天险，有人却想要江东主公向曹贼屈膝投降，完全不怕天下人耻笑。由此看来，刘备真算得上不惧怕曹贼的人了！”

虞翻无言以对。这时又有一个人开口了：

“先生想效法张仪、苏秦，以三寸不烂之舌，来游说东吴吗？”

诸葛亮看了看，说话的人是步骘。随口答道：

“先生以为苏秦、张仪不过是区区辩才，却不知道苏秦、张仪也是豪杰人物：苏秦执掌6个国家的相印，张仪先后两次担任秦国的丞相，他们都有拯救生民、扶持国家的雄才大略，那些惧怕强敌、欺凌弱小、躲避刀剑犹恐不及的人是不能跟他们相比的。你们有些人一听到曹操虚张声势的狂言就害怕得不得了，急急忙忙请求投降，有什么资格笑话苏秦、张仪呢？”

步骘也无话可说了。忽然又有一个人问道：

“先生以为曹操是什么样的人呢？”

诸葛亮看了一下，这个人名叫薛琮，知道他话里有话，于是十分轻巧地答道：

“曹操是汉朝的奸臣贼子，这还值得问吗？”

果然不出所料，薛琮接着又说：

“先生的说法并不对啊！汉朝世代相传，到现在命数已经不长了。如今曹操已拥有三分之二的天下，人心也都归顺于他了。而刘备不懂得天机时务，硬要与曹操抗争，这正如以鸡蛋碰石头，怎么能够不失败呢？”

薛琮刚一住口，诸葛亮就厉言正色地驳斥道：

“你薛琮怎么能够说出这样无父无君的话呢？人活在世上，以忠孝为立身之本。先生既是汉朝的臣子，那么看见有人犯上作乱，就应当誓死共同诛杀他，这就是为臣之道。如今这个曹操，他祖宗几代都享受汉家的恩典，吃汉朝的俸禄，可是不思报效朝廷，反而怀篡位之心，行大逆不道，因此普天之下，人所共愤；想不到你竟然用什么天命来为他辩解，真是无父无君的人！不值得跟你说话！请你还是住口吧！”

一席话，说得薛琮的脸一会儿红，一会儿白，羞惭不已，完全开不了口了。可是没想到，诸葛亮这边刚刚说完，那边又有一个人开口问道：

“曹操虽说是挟天子以令诸侯，但毕竟是高祖皇帝相国曹参的后代。而刘备虽然自称中山靖王的子嗣，但却没有根据可以查证，反正眼见为实，不过是编草席卖草鞋的一个村夫罢了，哪里能够跟曹操抗衡呢？”

诸葛亮一看，原来是陆绩。于是笑着说道：“先生不就是在袁术的酒席上私自怀藏待客橘子的陆绩吗？”

一句话还没说完，陆绩早已忸忸怩怩，坐不住了。哪个人不怕揭短哩，何况又是在大庭广众之中。诸葛亮见状，赶紧接着说：

“请安心坐好，听我一言：曹操既然是汉高祖相国的后代，那么世世代代就应该是汉朝的臣子了；如今他集朝廷大权于一身，肆无忌惮，横行天下，完全不把人君人父放在眼里，这样看来，他不但是无视君主，而且也是蔑视祖先；不仅是汉朝的乱臣，而且也是曹家的贼子了。而刘备是堂堂帝王子孙，当朝皇帝都已经依据族谱给他赐封了爵位，怎么说是‘没有根据可以查证’呢？再说高祖皇帝当初起事，也只不过身为亭长，最终还是得了天下；编草席卖草鞋，又有什么值得羞辱的呢？先生这是小孩子一样的见识，哪有资格跟深明事理的人坐在一起谈话呢？”

陆绩始而忸怩，继而语塞，最后干脆不说话了。忽然座中有人十分武断地开口说：

“先生所说的话，都是强词夺理，没有一句站得住脚，没有必要再说了。我只想请问先生，你研究的究竟是哪一家的经典？”

诸葛亮见是严畯，并不动气，悠悠地说道：

“寻章摘句，那是世上迂腐无用书生的行径，怎么能够成就兴邦立业的大事呢？而且自古以来，从躬耕有莘的伊尹，到垂钓渭水的姜子牙；从张良、陈平之流，到邓禹、耿弇之辈，一个个都是匡扶宇宙，才华横溢，从来没有听说他们研究什么经典。何必效法那些书生，一生只求握笔磨砚，舞文弄墨，说长道短，评头品足就算了呢？”

但见严畯低头丧气，不能对答，又听有人高声大气地说道：

“先生喜欢说大话，却未必有真才实学，恐怕只落得让儒者见笑吧！”

原来是汝南人程德枢。诸葛亮看了看他，朗声说道：

“所谓儒，有君子与小人的区别。君子之儒，忠君爱国，恪守正道，深恶邪恶，一心一意，但求施恩泽于当时，留美名于后世。至于小人之儒，只是忙于雕词琢句，专注笔墨文章，年轻时的大好韶光，浪费在吟诗作赋之中，白发苍苍之时，又在那里蝇营狗苟，研究什么经典；笔下虽然写得千言万语，胸中实无半点济世的良策。而且像扬雄那样，虽然文章名噪于世，可是却卑躬屈膝，侍奉篡位的王莽，到头来终难免跳楼身死，这就是所谓小人之儒，虽然一天能写出万把字的文章诗赋，又有什么可取的呢？”

这一番话，直说得程德枢张口结舌，不能搭腔。

东吴的这一班谋臣，心怀叵测，向诸葛亮又是挑衅又是发难，却眼见诸葛亮义正词严，对答如流，一个个又怕又气，脸色都变得不像人样了。

动脑筋

本篇故事中，东吴主降派首领张昭连续三次向诸葛亮发难攻击。其实他的三次讲话都可以归结为一个动机，最终都是要达到一个目的，从逻辑上说，就是要证明他的一个看法或论点。诸葛亮是个明白人，他当然是十分清楚的。然而在反驳中，他基本上回避了这个问题，而是集中反驳张昭用来支持其论点的那些论据。你知道张昭的这个动机、目的、看法或论点是什么吗？诸葛亮为什么要绕开这个问题而去直接反驳他的论据呢？

真知灼见

阅读提示

对同样一件事情,人们往往会有不同的、甚至完全相反的看法。

当然,这些不同的看法可能都有部分道理。当事物本身客观存在多个侧面的时候,比如说一张正面写了字的纸,有人说正面有字,有人说反面无字,那么这两种人的认识虽然从整体观照,可能有片面之嫌;但就他们各自认识到的那一个侧面,还应该承认他们是正确的。所谓"仁者见仁,智者见智",大概就属于这样一种情况。

但是,假如不同看法之间表现为对与错的差别,并且错误的意见照常规来看非常"合情合理",而正确的看法却似乎有悖于我们的常识,那么在这种情况下,形成并坚持这种真知灼见就显得弥足珍贵了。

讲故事

这个故事发生在河北省沧州县。

早先,沧州县南面有一座临河古庙,由于河水冲刷,河岸坍塌,古庙的山门垮进水中,门口的一对石兽也一齐沉了下去。

过了十几年,庙里的和尚化缘募捐,有了一笔钱,准备重建山门。他们想到了那一对石兽,便决定打捞上来。可是在倒塌的河岸下边寻找,竟然找不到了。有人说,一定是被河水冲到下游去了,于是,又到下游去找。他们划着几只小船,拖着铁钯,找了10多里,仍然不见石兽的踪迹。人们不禁议论纷纷，以为出了怪事，说什么话的都有了。

一天，有个讲佛经的人来到这座庙中，听说这件事后笑着说：

“你们真是瞎忙，完全不考究物体运动的原理。你们想，这石兽又不是什么小木片，怎么会被河水冲走呢？石头坚硬沉重，河沙松散轻浮，石兽一定是沉落在河上，渐沉渐深，埋到河沙底下去了。你们却到下游去寻找，岂不是太糊涂了吗？”

大家听了，都很佩服，当即决定请水性好的人，下水挖沙寻找。

一位老河工闻讯而来，可是问明情况之后却笑了起来。大家正在莫明其妙，只听老河工说：

“凡是石头掉到河里，应当到上游去找才对。”

“那是为什么呢？”周围的人一下子又糊涂了。

“这是因为石头坚硬沉重，河沙松散轻浮……”老河工刚说了这两句，大家都笑了起来。他们说，佛经师傅原来也是这么讲的。

“但我们的结论不一样啊！”老河工面对一双双迷惑的眼睛，继续讲道：“石头坚硬沉重，因此河水冲不动它，并且产生一股反激力量，再加上正面而来的河水的不断冲击，石头下方迎水处的河沙就慢慢被冲走，形成一个小坑，久而久之，小坑越来越大，待到石头下方的泥沙被冲走一半时，石头就会向上游方向滚进被掏空了泥沙的小坑里。接着河水又冲走泥沙，石头又向上游滚动。如此反复，石头就慢慢地逆水而上了。你们到下游去找固然不对，现在又到河沙下面去挖，不是更荒唐吗？”

老河工的说法虽然有点玄乎，不过细细揣摩，却也合情合理。于是众人分头往上游的方向慢慢搜寻，最后终于在几里外的水中把两个石兽都找到了。

动脑筋

在这个故事中，河中石兽应该到上游去找，是因为存在许多相关的条件和因素，例如河床是淤积多年的泥沙，掉到水中的是有一定重量的石兽等，假如这些条件因素变化了，是不是也要到上游去找呢？试举一例说明。

做贼心虚

阅读提示

本篇讲的三个小故事，都是讲的破案辨贼，而且都说明了同一个道理，那就是"做贼心虚"。几个处理案件的人，正是依据了这一常理，并且巧妙地加以利用，从而把真正的贼找了出来。

讲故事

刘宰做泰州县令的时候，有户人家的金钗丢失了，当时在现场的只有两个女仆，可是不管怎样讯问，两个人都说自己没有拿主人的金钗。

刘宰略加思索，有了主意，吩咐取来两根芦苇，两个仆人一人一根，并且交代说："你们将芦苇带回去，明天再送回来。如果没有偷金钗，明天芦苇还是老样子；如果偷了金钗，明天芦苇一定会长出两寸。

第二天两个仆人带着芦苇又来到公堂。刘宰叫人用尺量了量，其中一根芦苇长短没有变化，而另一根却短了两寸。于是刘宰问道："你的芦苇怎么变短了呢？"

原来金钗是这个仆人拿的，她生怕芦苇长长了，于是暗地里砍去了两寸，想不到因此反而露出了马脚。结果只得承认偷了金钗。

再说"神钟"辨盗的故事。

故事发生在陈述古在浦城县做官的时候。也是有一户人家东西被盗，结果抓了几个嫌疑犯，虽经反复讯问，却没有一个肯承认的。

真正的盗贼究竟是哪一个呢？陈述古想到一个办法。他对几个嫌疑犯说："你们不招我也不怕。这附近深山的寺庙里有一口'神钟'，非常灵验，能辨别谁是盗贼。你们就等着瞧吧。"

几天后，那口"神钟"果然运到了县城，陈述古将"神钟'安置在县衙门后面的楼阁里，又是焚香点烛，又是供果奉祀，祭拜了好几天时间。

这一天，陈述古下令将嫌疑犯都带进阁楼，站在"神钟"前面对他们说："一会儿你们都用手摸这口钟。这口钟是很灵验的：没有偷东西，摸钟不会发出声音；如果偷了东西，一摸钟，就会发出嗡嗡的响声。"

说完之后，陈述古又带着众官吏在"神钟"前焚香祷告，神情严肃，毕恭毕敬。祭祀完毕，他叫人用帷幕将"神钟"围得严严实实，不见一点光亮，又暗暗派人在钟上涂满了墨炭粉。

这样过了一会儿，他便下令狱吏将嫌疑犯带进帷幕，一个一个用手摸钟。出来之后，再一个一个地对他们的手进行审验。

结果发现，几个嫌疑犯的手上都沾上了墨炭，只有一个人的手上白白净净。原来这个人就是盗贼，他唯恐"神钟"发出声响，因此不敢去摸，结果露出破绽，最后只好老老实实地承认了自己的罪行。

第三个故事发生在浙江宁海。

这一天，当时正在宁海做官的胡汲仲来到一座寺庙，正好碰到几个妇人争执不休。大家看到当官的来了，便一下拥到胡汲仲面前，要他裁决公断。

原来这些妇人都是来寺庙念经拜佛，聚到一起来的。其中一个人大概穿得多了一些，就脱掉外衣随手放在一边，又自顾念经去了。后来经念完了，衣服却不翼而飞。她想肯定是一起的妇人拿了，可是问谁谁都不肯承认。这样就争吵起来。

胡汲仲问明缘由，说道："这件事好办。"随即吩咐下人取来一些大麦，在每个妇人手掌中各放几粒，然后命令妇人都合上手掌，不得让麦粒丢失，并且围着佛祖走动，一边走动一边像刚才一样念经。胡汲仲自己则微闭双眼，端端正正地坐在一旁，说道："我现在祷告神灵，请神灵亲自督察这件事情。谁如果偷了衣服，那么走动几圈之后，她手掌中的麦粒就会长出芽来。"

这样走了没有几圈，就发现有个妇人一而再，再而三地打开手掌观看她手中的麦粒。胡汲仲于是下令将这个妇人抓了起来，经过讯问，果然是她偷了衣服。她心里不踏实，生怕手中的麦粒真的长出芽来，因此忍不住一再打开手掌偷看。这真是做贼心虚啊！而胡汲仲也正是利用这一点而破了这个案子的。

动脑筋

这几个案子的侦破，的确都依据了“做贼心虚”这一常理。然而除此之外，这几个罪犯还有一个共同的弱点，如果他们没有这个弱点，这些方法还真的不管用哩！你知道这三个罪犯共同的弱点是什么吗？

理财有方

阅读提示

《三字经》里有这样几句："唐刘晏，方七岁，举神童，作正字，彼虽幼，身已仕。" 讲的是刘晏7岁时向皇上献书，因而被授予负责校勘朝廷藏书的官职——秘书省正字。

刘晏不仅是个神童，而且后来成为唐代杰出的理财家。在安史之乱战时和战后社会经济遭到严重破坏、国家财政极其困难的情况下，他肩负理财的重任，实行一系列改革措施，为唐朝后期经济的恢复与振兴立下了大功。

本篇只收集了刘晏理财的几则小故事，从中不难看出，刘晏的确是一位"视事敏速，乘机无滞"（观察事物敏锐神速，抓住机遇毫不迟疑）的理财大师。

讲故事

公元762年，刘晏升任户部侍郎，兼度支、铸钱、盐铁等使，开始掌管唐政府中央的财政工作，第二年又升为吏部尚书，成为兼管财政的宰相。

当时安史之乱刚刚过去，唐王朝百孔千疮，财政极为困难，出任宰相管理财政，谈何容易！首先亟待解决的，就是粮荒问题。都城长安及关中地区，每年缺上百万石粮食，官宦人家吃了上顿愁下顿，皇家禁军的口粮也得不到保证，至于平民百姓，就只好用树皮草根充饥了。这时，刘晏想到了江淮地区，那里的经济发展已日益超过北方，最近几年又没有直接受到安史兵祸的破坏，于是他果断决策：南粮北运，解决长安、汉中粮荒。

在此之前，江淮一带的粮食都是通过连接南北的京杭大运河来运输的，先由淮河入汴水，再入黄河，再转渭水，最后到达长安。由于有些地段水流湍急凶猛，常常发生翻船的事故；装上10斗粮食，运到长安能剩下8斗就可以受到朝廷的重赏，可见是多么的不容易。实际上，一般往往只能半数运到目的地。这种状况历年如此，船工们一直苦不堪言，因此运粮积极性不高。可如今京城粮荒告急，运粮即救命，怎么能够还像过去那样慢吞吞呢？必须提高运输效率，加快运粮速度！

经过实地考察，刘晏发现：淮河、汴水、黄河、渭水的水流速度都不一样，而过去一直沿用直运法，一艘船装上粮食便一直运到最后目的地，不能充分适应各条河流不同的流速；加上航线太长，船工也很难完全熟悉各处的航道。这样一来，轻则延误时间，影响效率，重则船翻人亡粮毁。于是刘晏大胆革新，改直运法为分段运法。他下令按各段水域的实际情况建造大小型号各不相同的船只，同时分别训练，配备水手。在淮河里航行的船，将粮食运到徐州一带；在汴水里航行的船，再将粮食运到河阴（今河南荥阳以北）；在黄河里航行的船，随之将粮食转运到渭水；最后由渭水里的船只将粮食直送京城。为了便于转运传递，又在几个衔接处修筑了大粮仓。实行这个办法后，江船不入汴，汴船不入河，河船不入渭，基本上克服了直运法的弊端，事故少了，损失少了，船工的收入则多了，而最为重要的是提高了运粮效率。

就这样，江淮的粮食终于源源不断地运到了长安。当第一批粮食即将抵达时，皇上欣喜万分，专门让卫士组成乐队，鼓乐齐鸣，前往码头迎接，还派特使传旨慰劳刘晏说："你真是我的萧何呀！"

刘晏理财的特色之一，是他十分重视发展生产，安定人民的生活，以之作为增加财政收入的根本前提。就拿造船来说吧，为了发展运输事业，刘晏让人在长江口建立了十几个造船厂。规定每造一艘船，支付100万铜钿。有人说："一艘船的造价连50万铜钿都不到。这样支出太破费了。"刘晏说："做大事的人不应该吝惜小的费用，凡事都要考虑长远利益。现在造船厂刚刚设置，各方面管事的人很多，要首先保证他们的支出，不让他们感到为难，这样造出的船就会坚固耐用。如果跟他们斤斤计较，他们得不到什么好处，那他们怎么能长久干下去呢？"不过刘晏也知道，社会上目光短浅的大有人在，因此他预见到："将来一定会有人批评我造船费用太大而加以削减的。如果削减不到一半还可以；超过一半，运输业就难以为继了。”

果然不出刘晏所料，50年后造船费用便削减了一半；到唐懿宗年间，又进一步按实际造价支付。造船主再也得不到好处，于是就偷工减料，质量越来越差。从此，内河运输事业便一蹶不振了。

刘晏理财还有一个难能可贵之处，就是他十分重视经济信息和商业情报。他以各地的巡院为基地，把一个一个驿站联结起来，创建了全国性的经济信息网络。在选用专职人员时，那些庸碌昏聩、饱食终日、无所事事的官吏，他一个也不用；而有真才实学、精明能干的人，则不惜高薪延聘。这些人随时收集各地市场物价变动等信息，及时通过驿站上报给朝廷。这样刘晏能够对全国各地的经济情况和价格变动了如指掌，再加上信息传递迅速，就能够根据不同的情况，及时采取相应的调剂措施，因此全国各地的物价始终比较平稳，没有出现物价太高或太低的现象。什么地方遇到灾荒，刘晏也能及时予以减税、免税或发放救赈的钱物，整个财政安排得井井有条。

总之，唐王朝在安史之乱以后能够迅速地得到恢复，至少从经济和财政上说，刘晏理财有方是功不可没的。他的确不愧为中国历史上著名的大理财家。

动脑筋

有人认为，从刘晏理财的上述方法中，可以看到现代系统论、信息论、运筹学、物流学和管理学某些思想和原则的具体运用。你同意这些说法吗？为什么呢？

瞒天过海

阅读提示

瞒天过海是一种示假隐真的疑兵之法，主要用于战役伪装，以隐蔽军队的真实意图、计划或行动。中国古代的《三十六计》中，第一计就是瞒天过海。

中国历史上许多著名的军事家，都有过运用这一计谋的光辉战例。本篇故事的主人公裴行俭，其“瞒天过海”的本领更是非同寻常。

讲故事

斐行俭是唐高宗时代的人。仪凤四年，十姓可汗阿史那匐延都支及李遮匐，煽动部落首领，联合吐蕃势力，向唐朝边疆重镇安西进逼侵扰。当其他大臣纷纷要求派兵征讨时，斐行俭力排众议，主张利用波斯王刚刚去世，要护送正在唐朝充当人质的波斯王子回国继位，在护送途中路过都支、遮匐部落时，再“便宜从事，必可有功”。

高宗皇帝很赞赏斐行俭的意见，当即决定就由斐行俭来执行这一任务。

这个任务是相当困难的，首先需要考虑的问题是带多少人马。带多了，势必引起都支和遮匐的疑心，因为只是护送波斯王子回国是用不了多少人马的；但是带少了，又很难对付都支和遮匐的力量。最后决定，开始不带太多的人马，进入西州地带后，再“便宜从事”。

到了西州后，斐行俭便广招各部落首领和当地豪杰，对大家说：“以前我来过你们这里，那时候可真是开心呀！后来我回了京城，但没有一刻不记挂着这个地方。今天送波斯王子回国即位，机会实在难得，我打算借此机会旧地重游，打打猎，不知有没有人愿意同我一起去？”也许是斐行俭颇富感情的话语起了作用，很快，便有一万多人聚集在斐行俭的周围，愿意同他随行西去。

这时斐行俭又故意放出风声说：“现在正是烈日炎炎，暑热蒸人，赤地千里的时候，等到秋天凉快了，再慢慢赶路吧！”这话传到都支耳中，都支果然信以为真，放松了警惕，而斐行俭则打着狩猎和游乐的幌子，抓紧时间对临时募集起来的人马进行训练。随后，又马不停蹄，继续前行，终于到了距都支部落才十来里的地方。

斐行俭首先找了一个与都支比较熟悉的人前去问候致意，大队人马则一律放松约束，显得十分闲暇、轻松，完全不像要征讨、袭击的样子，然后再派人请都支前来相见。都支与遮匐串通谋反，完全没有与唐朝使者见面的思想准备，突然之间唐朝的人马来到面前，一下子竟没有了主意，只好硬着头皮，带上儿侄和众首领，一共500余人来见斐行俭，当即被斐行俭全部抓获。遮匐听说都支已被生擒，见大势已去，也投了降。

一场一触即发的边乱，凭着斐行俭的勇敢和智慧，就这样兵不血刃地得到了圆满的解决。其实，斐行俭类似的例子还有不少。这里，再说一个粮车伏兵的故事吧。

事情发生在唐高宗调露元年。当时，突厥首领阿史德温傅谋反，周围24州也群起应之，叛军势力一时达数十万之众。边将萧嗣业率兵征伐，结果反被打得大败。朝廷无奈，只得派这时已是老将的裴行俭出马。

斐行俭率领部队赶到朔州。此时萧嗣业已被叛军包围了好几天，由于没有粮食吃，兵士已经饿死了一大半。附近官员原来也给萧嗣业部队运送过粮食，可是半路上都被叛军抢走了。

裴行俭了解到这种情况后，便想出了一条妙计。他下令集中了300辆车子，伪装成粮车，每辆车内都藏着5个身强力壮的兵士，个个手执长刀、强弓，而赶车的却是一些年迈体弱的老兵。同时，斐行俭又在几处险要地段布好了伏兵。然后，这支“粮”车队便出发了。

过了不久，叛军得到消息，果然出动了大批人马来劫“粮”车。赶车的这些老兵当然无法抵挡叛军，纷纷弃车而逃。叛军截获了“粮”车，便像过去一样，得胜回朝，拉着“粮”车往自己的营地走去。

眼看营地就要到了。这时叛军将“粮”车在一道泉水边停下，解下鞍子让马饮水，开始准备卸粮了。突然响起一声号令，藏在“粮”车上的兵士几乎同时跳下车来，几处伏兵也一齐赶到，叛兵死的死，伤的伤，被俘的被俘，只有极少数跑得快，抱头鼠窜而去。

叛军吃过这一次亏以后，再也不敢拦截粮车了。

动脑筋

古希腊荷马史诗《伊利亚特》中有一个特洛伊木马的故事。说的是公元前12世纪初希腊人远征特洛伊城，但围攻10年不下。后来希腊将领奥德赛想了一条妙计。他们造了一只巨大的木马，在木马肚子里埋伏了许多希腊勇士，有意将木马放在特洛伊城外，同时在附近海岸隐藏了几艘船舰，然后烧毁营房，登上舰船，佯装退兵。特洛伊人听信了一个希腊间谍的谎言，相信木马是献给雅典娜女神的，放在城内可永保平安，于是将木马拖入城内。到了半夜，伏兵跳出木马，打开城门，附近船队迅速靠岸，希腊士兵冲入城内，内外夹攻，终于攻陷了特洛伊城。

粮车伏兵与特洛伊木马这两个故事有很多相似之处。你能将这些相似之处归纳出来吗？

好事多磨

阅读提示

在中国历史上，西藏吐蕃王松赞干布与唐朝文成公主的联姻，密切了藏汉两个民族政治、经济、文化等方面的联系，推进了藏汉关系的深入发展，是我国民族团结史中最美丽、最动人的一段佳话。

然而好事多磨。为了迎娶文成公主，松赞干布曾先后四次向唐朝求婚，其中有两次还是通过兵戎相见的方式来进行的。在最后一次，据说唐太宗还提出五个难题要吐蕃的求婚使臣解答。因此直到今天，藏族人民中，还流传着“五难婚使”的故事。

讲故事

松赞干布是古代强盛吐蕃的缔造者，是藏族历史上杰出的民族英雄。

松赞干布是在父亲被属臣下毒身亡后，内部反动势力纷纷叛乱，外部势力猖狂“复国”的内忧外患危急时刻登上吐蕃王位的。当时，他还只是一个13岁的少年，然而短短几年，他便平定了内部的叛乱，击败了“复国”的势力，统一了全西藏，被周边各部落和少数民族尊为“天可汗”。

公元634年，松赞干布18岁的时候，吐蕃已经成为中国西南部一个统一而强盛的王国，而中原地区，正是雄才大略的唐太宗“贞观之治”的全盛时期。这一年，对唐王朝仰慕已久的松赞干布正式派遣使臣到唐朝朝贡。唐太宗很重视吐蕃来朝，也派遣使团随吐蕃使臣到吐蕃答谢。

松赞干布生平第一次接触汉族的使者，便被汉人美轮美奂的服饰、风采和"汉官礼仪"深深折服了，对物质文明和精神文明高度发达的唐王朝更加倾心向往。他立即又派使臣随唐朝的来使前往长安，并且向唐皇室求婚。

然而，刚刚统一并强盛起来的吐蕃王国，显然还没有引起唐太宗的特别重视，松赞干布的第一次求婚失败了。

松赞干布年轻气盛，竟于公元637年和638年连续两次兴兵进犯唐朝的边境地区，并且毫不掩饰地说："公主不至，我且深入。"结果吐蕃军队两次都被唐朝的军队打得大败。松赞干布意识到，武装入侵是达不到求婚目的的。公元640年，松赞干布又派使者入朝谢罪，同时再一次向唐王朝求婚。

松赞干布对这一次求婚格外重视，他不但准备了"黄金器千斤"这样贵重的礼品，而且特选为人沉勇刚毅，有谋略，善机变，他最倚重的谋臣禄东赞，以大相之尊为一介使臣，大有不达目的誓不休的架势。

这一次求婚果然成功了。因为唐朝军队虽然两次战胜了吐蕃入侵，但唐太宗毕竟意识到，崛起于西南的强大吐蕃，的确是一支不可忽视的力量。同时深感松赞干布的情真意切，终于接受了吐蕃王的求婚，答应把宗室女文成公主许嫁给他。

据说这一次求婚成功也是相当不容易的。青藏高原的藏族人民中，至今还传颂着一个"五难婚使"的生动故事，说是唐朝的皇帝向吐蕃的使臣出了五道难题，只有答出了这五道题，才同意许婚；结果这五道难题都被聪明、机智的吐蕃使臣禄东赞正确地解答出来了。

第一次，禄东赞被带到一个大牧场上，那里有100匹母马和100匹小马驹，要他分辨出哪匹小马驹是哪个母马生的。

禄东赞曾经当过牧马人，这个问题怎么能难倒他呢？他吩咐将小马驹和母马全部分开，整整关了一天一宿，并且断了小马驹的饲料和饮水。第二天将母马一匹一匹地放到小马驹当中去，又饥又渴的小马驹一看到自己的妈妈，立刻就跑过去吃起奶来。就这样，一匹匹地放，一匹匹地找，很快就全部分辨出来了。

第二次，人们抱来了50根粗细相同的檀木棍，要禄东赞将每根檀木棍靠根部的一头和靠梢部的一头分辨出来。

禄东赞仔细察看了一下那50根木棍，确认了它们每一根两头的确都是一般粗细，于是将它们全部扔进宫廷的荷花池中。

不一会儿，荷花池的水慢慢平静下来，人们看见那50根檀木棍虽然都一样浮在水面上，但不是完全水平地浮在那里，而是一头低一些，另一头稍翘起来一点。这时人们才恍然大悟：原来木棍靠根部的一头重，而靠梢部的一头轻，所以才会出现这种情况。朝廷的人们，不禁对吐蕃的使者刮目相看了。

第三次，人们给禄东赞准备了一只羊、一坛酒，要求一天之内把羊肉吃完，把酒喝光，同时还要把羊皮鞣好。

吃羊肉，鞣羊皮，这可是禄乐赞的拿手好戏，何况还有一坛美酒哩。禄东赞先把羊宰了，接着剥皮，剁肉，烧肉，然后一边吃肉，一边喝酒，一边鞣羊皮，结果不知不觉之中，羊肉吃得干干净净，一坛酒滴酒不剩，羊皮也完全鞣好了。

第四次，禄东赞被召到朝廷上，要他当着皇上和文武百官的面，把一根丝线穿过一颗九曲孔道的明珠。

禄东赞接过明珠端详起来，不禁十分诧异：好大一颗明珠啊！真是“此物只应天上有，人间能得几回闻”。而最神奇的是，从明珠这一头到另一头有一个曲曲弯弯的孔道，他一数，还不止九个弯哩！完全靠人工，肯定是没有办法把丝线穿过去的。

禄东赞盯着明珠看了一会儿，发现孔道虽然弯曲很多，但孔径还是不细的，一只蚂蚁，完全可以顺顺当当地爬过去。对了，就用蚂蚁解决这个问题！

禄东赞叫随从找来一只蚂蚁，很小心地将丝线的一头拴在蚂蚁的腰部，再将蚂蚁放进孔道，并且不停地往孔里慢慢吹气，不让蚂蚁往回爬。最后，当蚂蚁爬过曲曲弯弯的孔道，从另一头出来的时候，丝线也终于穿过了这颗明珠。

第五次，禄东赞听说，朝廷将把文成公主混在500个宫女中间，这500个人打扮、穿戴都一模一样，要他从中辨认出哪一个是文成公主。

这一次禄东赞不禁有点紧张了，因为他虽然对文成公主早有所闻，但可从来没有见过面啊！他手下的随从就更不用说了。前面几关都顺利地闯过来了，如果最后这一个关口栽倒了，回去怎么向藩王交待呀！

正在他们万分焦急的时候，迎宾馆的一位女招待主动找到他们。这位女招待在宫里侍候过文成公主，熟悉文成公主的特征。这一段日子里，她对吐蕃使者的聪明、谦逊和彬彬有礼印象很深，又知道他们是来向唐朝求婚的，从内心深处想要促成这件大好事。她告诉禄东赞：文成公主双眉间有一颗红痣，名曰“二龙戏珠”。

辨认的日子终于来到了，500个宫女站在宫殿上，排成几排。禄东赞在她们中间走过去，又走过来，果然发现了那个特征——“二龙戏珠”！

五道难题一个个都被吐蕃使者解答出来了。皇上也无话可说了。他又能说什么呢？他一定在想，一个使臣都能这样聪明、机智、能干，那么藩王松赞干布当然就更不用说了，于是很痛快地答应了松赞干布的求婚，决定将文成公主嫁给他。

公元641年，在唐太宗的特使、礼部尚书江夏郡王索道宗的护送下，文成公主从长安启程出发了；松赞干布在妥善安排了各项准备工作之后，亲自从拉萨赶到柏海迎接，中国历史上藏汉两族伟大联姻的两位主人公，克服重重困难和障碍，终于走到了一起。

动脑筋

本篇中的“五难婚使”，是流传在藏族人民中的一个民间故事，在历史上未必真有其事。那么，这里介绍这个未必真有其事的民间故事，是否就没有意义了呢？请你结合本篇的内容，具体说一说你的看法。

别出机杼

阅读提示

机杼，指织布机。别出机杼，比喻另辟蹊径，不落俗套。

心理学中有一个概念叫心理定势，也叫思维定势或心向，指的是人们按照一种固定了的倾向去反映现实，从而表现出心理活动的趋向性和专注性。心理定势有利于心理活动的稳定性和前后一致性，但却有碍于思维的灵活性，不利于智力的发展。因此，想要有所创新，我们需要突破这种心理定势，从某种固定的思路中解脱出来，进行多向思维、逆向思维或反向思维，即产生别出机杼的想法。许多新思想的形成、新发明的诞生、疑难问题的解决，经常就是别出机杼的结果。

本篇易产息讼的故事，就是别出机杼解决疑难问题的一个生动事例。

讲故事

张齐贤是北宋时人。在他还是一个布衣平民的时候，就智勇过人，倜傥大度，颇有名望。

当时有一群结帮成伙的强盗，一共十几个人，在当地为非作歹，肆无忌惮。老百姓对这伙强盗可以说害怕到了诚惶诚恐的地步，一见他们露面就像遇到瘟疫一样，躲都躲不及。然而，张齐贤却是一个例外。

有一次，这帮强盗正在一家酒楼大吃大喝。只见张齐贤径直走到强盗跟前，作揖罢，开口说道："我这个卑贱人吃没吃的，喝没喝的，想沾你们的光，求个一醉半饱，可以吗？”

强盗们十分惊讶，心想，一般人看见我们跑都跑不赢，这家伙竟一个人找上门来，还想混点吃的喝的，可见胆量不小。又见他一身读书人打扮，多少有了点敬意，便很客气地请他坐了下来。

张齐贤也不谦让，取过一个大碗，斟得满满的，一饮而尽，接连干了三碗；随后又抓过一只猪肘子，用手撕成几块，狼吞虎咽地吃了起来。强盗们见了，一个个目瞪口呆，感叹道："这可真是宰相的气量啊！要不然，怎么能够这样不拘小节呢？"

不过，还真的让这些强盗说中了。后来张齐贤果然当上了宋真宗的宰相。易产息讼的故事，就发生在张齐贤做宰相的时候。

当时，皇亲国戚聚居的地方经常出现分财不均而引起纠纷，你说我分多了，我说你分多了，闹得不可开交。都是皇亲国戚，谁也不服谁，于是纷纷向开封府和御史台告状，打起了官司。俗话说，清官难断家务事，何况又都是皇亲国戚，开封府和御史台当然解决不了。最后官司打到皇上那里，要求皇上决断。皇上又有什么办法呢？手心手背都是肉，决断谈何容易，一连压了10天都不能解决。

有一天，宋真宗对张齐贤谈起这件事情。张齐贤说："这个官司当然不是开封府和御史台所能解决得了的，还是让我来处理吧！"宋真宗求之不得，马上就同意了。

这个官司的确是相当棘手的。从开封府打到御史台最后打到皇上那里，都没有解决，张齐贤又能有什么办法呢？诉讼双方都是皇亲国戚，连皇上自己都害怕得罪任何一方，张齐贤凭什么敢揭这个榜？

其实张齐贤自有计谋，早已成竹在胸了。开庭审理那天，张齐贤端坐丞相府的公堂之上，诉讼双方来到之后，张齐贤发话道：

"你们是不是都认为对方所分的财物多而自己所分的财物少？"

"是的。"双方异口同声地回答。

"确实如此吗？"张齐贤又追问了一句。

"确实如此。"双方都毫不示弱。

"那么，你们双方各列一份清单，如实写上各自分得的财物吧！"

不一会儿，双方列好清单。张齐贤又让他们签字画押，然后指派两名官员随即督促诉讼双方互相搬家；两家财物一律原封不动，签字画押的清单互相交换，你搬到我家，我搬到你家。

张齐贤的办法真是既简单又高妙。双方既然都认为对方所分得的财物比自己多,那么这样一交换,不就都可以得到较多的那一份财物吗?既然都得到较多的财物,当然就不应该再有什么意见了。

可是诉讼双方谁都不肯搬家。因为开始闹纠纷、打官司的时候,也许是心理作用,总觉得对方分得的财物比自己多,然而真的完全调换一下,想法就不一样了;也许自己分得的财物并不比对方少,自己心里也明白,但就是怕吃亏,因此嘴上硬气,于是恶人先告状。现在张齐贤如此判决,他们还有什么话说?既然都不肯搬家,当然就只好都撤了诉。

第二天,张齐贤向皇上作了汇报,宋真宗十分高兴,夸奖说:"我就知道,如果不是你,谁也没有办法解决这个问题。"

动脑筋

(1)张齐贤易产息讼的故事,是从《涑水记闻》一书中选译的。关于开封府、御史台和宋真宗当初处理这个案件所考虑过的办法,原文均无交待,那么,你能否揣测一下,他们当初曾经考虑过哪些办法呢?

(2)无论如何,有一点是肯定无疑的,就是那些办法最终都没有能够解决问题。而张齐贤的办法肯定是与那些办法不一样的,而且一定突破了那些办法中的某种心理定势,从某种固定的思路中挣脱出来,体现了一种别出机杼的智慧,你说是吗?

一言千钧

阅读提示

外交人员在外交场合，特别是在重大问题上的每一句话，几乎都关系到国家的安全、利益和尊严，真可谓“一言千钧”。

公元前606年，当不可一世的楚庄王陈兵中原，问周鼎的大小轻重时，周定王的特使王孙满清醒地意识到：周鼎是周天子至高无上权力的象征，外人是不能过问的。楚庄王问鼎，是对周天子权力的大胆觊觎，是对周天子地位的公然蔑视，如果直接回答，就无异于认可了楚庄王的野心。因此王孙满不但没有直接回答楚庄王的问题，反而义正词严地指出：“周德虽衰，天命未改，鼎之轻重，未可问也。”

在中国历史上，像王孙满这样出类拔萃、一言千钧的外交家是很多的，本篇所写的富弼就是其中的一个。

讲故事

富弼是北宋大臣，曾当过7年宰相。《涑水记闻》说他为人“温良宽厚……临大节，正色慷慨，莫之能屈，智识深远，过人远甚，而事无巨细，皆反复熟虑，必万全无失，然后行之。”《涑水记闻》的评价应该是不错的。仁宗庆历二年，富弼出使契丹的经历就是最好的佐证。

历史上，北宋王朝与北方的辽国（即契丹）关系一直比较紧张。此前38年，辽国的萧太后与圣宗亲率大军南下，侵入宋境。由于宰相寇准的坚持，北宋皇帝宋真宗亲赴前线督战,在澶渊之战中大败辽兵。这样,辽国才与北宋订立了澶渊之盟。盟约规定,辽国向北宋王朝称臣,而北宋则每年向辽国供给岁币银10万两,绢20万匹。

到了仁宗庆历二年,辽国见北宋正忙于对付西夏的侵扰,于是趁火打劫,又向北宋提出割让关南大片土地的无理要求。关南这块土地,在五代后晋时曾割给当时的辽国,但为时不久,又被后周世宗收了回来。现在辽国想要旧梦重温,而北宋朝廷又根本不可能满足这一要求。富弼就是在这种情况下奉命出使辽国的。

富弼见了辽主,两人之间展开了一场语言和智慧的较量。

富弼对辽主说:“宋、辽两朝年年相安无事,将近40年了。突然之间提出割地的要求,这是什么原因呢?”

“这是你们宋朝违背了和约。”辽主辩解说,“宋朝封锁雁门,广开塘水,修葺城隍,扩充民兵,是想干什么?我朝大臣都主张兴兵南下,是我没有同意。我以为不如派遣使者要求割地,如果求地实现不了,到时候再兴兵动武也不晚。”

富弼心里非常清楚,所谓雁门、塘水、城隍、民兵,都是辽主编织的借口,开始不宜在这些问题上纠缠,于是说道:

“辽国难道忘了我章圣皇帝(即宋真宗)的大恩大德吗?澶渊之役中,如果听我宋朝当时将领的意见,你们辽兵怕是没有逃得脱的。”

对于这一点,辽主没有反驳,也无法反驳。因为当时的澶渊之役中,辽军实在是吃了败仗,连辽国大将萧挞凛也被射死在阵上,是辽方担心腹背受敌,主动提出议和的。富弼见辽主没有吱声,又继续说道:

“说实在话,如果辽国与我宋朝通好,则利在国主,臣下倒是得不到什么;如果双方打起来,则利归臣子,而灾祸则要由国主来承担了。所以那些劝说动武用兵的人,实际上都是在为他们自己谋划。如今宋朝疆域万里,守备无虞,士卒百万,兵精粮足。你辽国就是打算诉诸武力,能保证一定取得胜利吗?就算是辽国打赢了,但战争中伤亡士卒、马匹的损失,是群臣来分摊费用,还是你国主承担呢?”

富弼见辽主仍未言语,索性又加上一句:

“如果两国通好,连年不断,那么每一年的岁币银全部归你国主所得,而一班臣子就得不到什么好处了。”

辽主听了,不住地点头,仿佛悟出了其中的道理。这时,富弼又回到辽主开头提出的几个问题：

“至于封锁雁门，是为了对付西夏的李元昊。广开塘水，是从何承矩开始的，事情在澶渊之盟以前。城隍旧了要修葺，民兵减员需要补充，这些也都不违什么约啊！”

“就算是这样吧！”辽主显然已经理屈词穷了，但仍不罢休，又在割地问题上纠缠：“不过，我们祖宗生活的故地，归还我们还是应当的吧。”

富弼马上反驳说：“关南之地，后晋时的确曾经割给辽国，但不久后周世宗就又收了回来，这些都是隔朝隔代的事了。如果按这个办法遍求各处土地，怕是对辽国没有什么好处吧！”

这句话，辽主当然是明白的。因为这样追溯下去，以秦皇、汉武、唐宗、宋祖时的版图为准，那么真正属于辽国的土地，大概所剩无几了。

辽主这时已完全无话可说，只好找个由头退了下去。随之，辽国大臣刘元符又插了一句：

“我辽主不愿意接受宋朝的岁币银，坚持要求割让10个县，怎么办呢？”

富弼看得出，这种说法简直是完全不讲道理，强要硬索了，对此绝不能松口，于是正色答道：

“本朝皇帝为祖宗守着这份国土基业，哪里敢拿来送人呢？你们辽主所想要的，不过是收取租赋罢了。当年澶渊之役，我宋朝皇帝不忍心两朝将士白白送死，所以同意增加每年的岁币银两，权代辽主想要收取的租赋。若是有人一定想要割让土地，那么就是蓄意破坏盟约，只不过以此作为借口罢了。”

第二天，辽主出外打猎，召富弼同行，又谈起割地的好处，说辽国若是得到割地，两国的友好关系便可以长久。富弼当即反驳道：

“辽方以割得土地为荣，而宋朝必然以失去土地为耻。兄弟之国，难道可以让一个获得荣耀而使另一个遭受耻辱吗？”

打猎结束后，刘元符又传话说：

“我辽主听了先生荣辱的议论，茅塞顿开，已经想通了，如今只有联姻的办法可以商量了。”

富弼一听，明白对方已经放弃割地的要求，心里不禁一阵轻松。至于联姻的办法，临出发前，朝廷倒是交代过，但也只是万不得已才用的下下策。眼下还是力争付给岁币银为宜，于是解释道：

“联姻办法虽好，但也易生嫌隙。再说本朝长公主出嫁，陪送不过10万缗（一缗为一千文），这哪里比得上每年都有岁币银的好处呢？”

后来辽国终于还是同意了按老办法行事,但又要求增加每年岁币银数。对此要求,富弼在征得朝廷意见后,答应了对方。应该说,到此为止,问题基本上得到了解决。哪知最后又节外生枝,在措辞上出现了矛盾。

辽主提出:"宋朝既然同意增加给我辽国每年的岁币银两,那就应该称为'献'。"

富弼当即反驳说:"宋朝为兄,辽国为弟,哪有兄向弟'献'东西的道理?"

辽主又说应称为"纳",也被富弼拒绝了。最后辽主威胁道:

"宋朝既然每年送给我这样多的东西,那就是惧怕我了。计较这两个字眼又有什么意义呢?若是把我惹烦了,到时拥兵南下,可不要后悔啊!"

富弼毫不示弱,回答说:"我大宋兼爱南北,因此才不怕麻烦,一再增加给辽国的岁币银两,这怎么能说是害怕呢?如果不得已而非得诉诸武力,那么决定胜负的应当是曲直是非,就不是本使臣所能够预料的了!"

辽主又含沙射影地说:"先生不要再固执了,这样的事情以前已经有过先例了。"

富弼也听出了辽主的弦外之音,直截了当地回答:"自古以来,也仅仅只是唐高祖为了向突厥借兵而赠送钱物时偶尔称作'献'或'纳'。不久以后,突厥的颉利为唐太宗所生擒,就再也没有这样的事情了。"

在反复的较量中,辽主总算领教了富弼的厉害,最后,终于主动派人到宋朝来议和了。

不过令人遗憾与可恨的是,最后宋真宗还是采用了晏殊的建议,竟然同意了"纳"的说法。"给"与"纳",虽仅一字之差,但体现的完全是两种截然不同的关系。难怪明代著名学者冯梦龙在"帝用晏殊议,竟以'纳'字与元"处加上边注:"可恨!"不过这也从反面告诉我们,富弼当初维护国家尊严,寸步不让,一言千钧,又是多么的难能可贵啊!

动脑筋

(1)富弼与辽主对话时,为什么不首先就所谓雁门、塘水、城隍、民兵等问题进行反驳,而是在回顾了澶渊之役之后再回头进行说明或解释呢?

(2)富弼与辽主最后争论该不该采用"献""纳"的说法。有人说,在这个问题上,没有必要过于计较,你认为呢?

为国争光

阅读提示

詹天佑是我国著名的铁路工程专家。

在中国铁路建设由零起步、从无到有的开创事业中，他是最早披荆斩棘的人。

在中国人完全依靠自己的力量修建举世瞩目的第一条铁路的时候，他是呕心沥血，劳苦功高的设计者和指挥者。

他本有强壮的体魄，但却在59岁时早逝了。医生说，他死于心力衰竭和体力衰竭！

逝世之前，他口述遗嘱，但遗言三条，均不及私，条条都是讲中国的铁路事业！

他的一生，是为国争光的一生。

这里介绍的，是在修建京张铁路——中国自己修建的第一条铁路中，他运用自己的聪明、才智解决工程难题的几件小事。

讲故事

1906年9月30日，京张铁路的第一期工程胜利竣工，第二期工程随即开始。

第二期工程是整个京张铁路的枢纽工程。其中20多公里的一段线路，尽是悬崖峭壁、高山深涧，工程十分艰巨。铁路经过这里，必须凿通居庸关、

▲詹天佑在京张铁路施工现场

五桂头、石佛寺、八达岭四条大隧道。

工程队开凿的第一条隧道是居庸关隧道。为了减少工程量，詹天佑在开工前进行了反复勘查，最后选定了开凿的部位。然而，尽管此处大山两侧间距最短，但需要开凿的隧道仍很长。按常规，一般是一头凿进，直到打通；但如果这样，花的时间一定很长，可是工期不等人啊！

经过认真考虑，詹天佑毅然决定打破常规，采用两端对凿法。所谓对凿法就是从山的两侧同时相对凿进，最后在中部贯通，这样就可以节省一半的时间了。可是这种方法对施工的精密度要求很高。“差之毫厘，失之千里。”只要稍有差错，山洞就不能在中点贯通。

詹天佑其实已经想好了解决问题的方法：在开凿隧道上方的山岭高处，立一个天点标杆，山岭两侧隧道线路水平线上各立一个地点标杆，这三点构成一个垂直面。然后，在垂直面上两侧地点内侧各立一个人点标杆，两侧连接地点与人点的直线必然在同一条直线上，此直线即需要开凿的隧道的中线。虽然隧道贯通之前，这条中线不可能在现场标志出来，但施工时，两侧各自按照连接地点与人点直线的内侧延长线所指示的方向和部位就可以进行开凿。

在具体操作的过程中，詹天佑还要求，施工队每掘进几米，就立一个新的中橛，并不断地向洞外的地点校正看齐，以确保掘进方向丝毫不偏。

由于勘查精确，方法得当，指挥无误，居庸关隧道山洞终于提前胜利凿通。

然而更艰巨的任务还在后头。京张铁路工程最长的隧道是八达岭隧道，全长 1145 米，是居庸关隧道的 3 倍。而且八达岭号称“北国锁钥”，据古书记载：“居庸之险，不在关城，而在此岭。”在这里施工，其难度又非居庸关隧道可比，而且同样面临着工期的问题。

由于八达岭隧道太长，像居庸关隧道那样单纯采用两端对凿法，已经难以保证工期了。怎么办呢？

经过周密考虑，詹天佑决定这一次采取两端对凿和中距离凿井相结合的方法。施工时，山岭两侧运用对凿法相对掘进，同时，在隧道中线上方的山岭上，从上往下凿两口垂直的竖井，至中线后再分别向两侧水平掘进，这样一来，就形成六个作业面同时作业的情况，可以大大提高效率和速度。

由于采用了这样的办法，1908 年 4 月 23 日，八达岭隧道山洞提前全部打通，这个枢纽工程的硬骨头终于被啃了下来。詹天佑略感轻松。顿时，往夕一幕幕被外国同行瞧不起的场景浮现在他的眼前。

那一次，日本包工商雨宫敬次郎上书袁世凯，要求京张铁路采用日本钻机，并派日本技师和钻工承揽全部隧道工程，说什么“中国工程技术人员及工人对开凿山洞都无经验，如只靠人工，必难完成”。詹天佑一口回绝。他心里想：开山机（钻机）固然好，但你们想以此来掠夺筑路权，办不到！我们要靠中国人自己的双手打通山洞，让你们看看。

又一次，英国人英达和一些其他外国工程师，带着猎枪，拿着食品，在工地附近转来转去。他们看见詹天佑从洞里走出来，穿着工作服，挑着泥水桶，知道工程需要排水，便示意詹天佑购买外国抽水机。詹天佑也拒绝了，他说，没有抽水机我们照样也能干！

想到这些，詹天佑禁不住笑了。他决心将这些经常“关心”这项工程的外国工程师请来，让他们深入山洞好好地考察一下！

结果，他们对于工程设计的合理、设施的完备、施工的精细都给予了很高的评价；当他们经过测量，发现这座分段开凿的山洞“南北直线及水平高低竟不差分毫”的时候，就更加心悦诚服了。

那个英国工程师英达，在参观之后特致专函表示称赞：“你已经高效精准地完成了这项不可能被完成的工作，这都要归功于你和你的部属。”

动脑筋

京张铁路有一处是个很大的陡坡，如果沿着坡路直接修上去，那么坡度太高，火车根本爬不上去。后来詹天佑想了一个办法解决了这个难题。你听说过这个办法吗？如果没有听说过，那么你也不妨开动脑筋，看能不能想出办法来。

勇敢

易水饯别

阅读提示

本篇故事选自《史记·刺客列传》。

司马迁在《刺客列传》中一共写了五位刺客，但最典型的应该是本篇故事中的荆轲了。荆轲身上那种见义勇为、急人所难、反侵伐、反强暴的精神，即使不能挽救危局也要奋起作最后抗争的气节，都是足以惊天地，泣鬼神的。故事中易水饯别的场面更不知使古往今来多少志士仁人为之感动，为之泪垂，为之刻骨铭心。

讲故事

战国时期，列强纷争。连绵不绝的战火，使千千万万生灵涂炭，却也演绎出无数可歌可泣的故事，造就了无数气壮山河的英雄。荆轲就是其中的一个。

当时，日益强盛的秦国不断向外扩张，侵犯齐、楚、韩、魏、赵等国，又把战火烧到了燕国的大门口。燕国的太子丹非常焦急，向太傅鞠武请教对策，鞠武也想不出什么好办法，便介绍了“为人智深而勇沉”的田光先生，而田光年事已高，又向太子引荐了侠胆好义的荆轲。就这样，荆轲正式登上了战国时期血雨腥风的政治舞台。

荆轲见到太子，首先报告了田光自刎身死的消息。原来太子曾反复叮嘱田光不要泄露了机密。田光自杀，是表明自己不会泄密了，以打消太子的疑虑。太子听说后，禁不住放声大哭，膝行跪拜。哭拜之后，又离开座席，向荆轲行了顿首之礼，然后才说明了他的意图，太子的打算是，派敢作敢为的勇士出使秦国，利用秦王贪得无厌的心理去接近他，劫持他，逼使他退还诸侯各国被侵占的土地；如果秦王不答应，就乘机将他刺死。太子请荆轲来，就是想要让他充当这样一个刺客的角色。

荆轲深知这件事关系重大，担心自己力不胜任，开始没有同意，但是禁不住太子的一再请求，最后总算答应了下来。于是太子当即封荆轲为上卿，安排他住进最高级的宾馆，吃最名贵的佳肴，其他异物珍宝，尽量满足，而且每天亲自登门拜访，千方百计满足荆轲的要求。

但是过了好长时间，荆轲似乎毫无动身的意思。这时，秦将王翦攻破赵国，俘虏了赵王，又挥师向北，陈兵于燕国南部边界。太子急忙把荆轲请来，说："秦国的军队早晚之间就要渡过易水了。如果到了这一步，那么就是我想要长期这样侍奉先生，也办不到了啊！"

荆轲其实早就有话要对太子讲，这时便开口说道："太子即便不找我说这些，我也正要去找您商量呢。如今我动身去秦国，没有可靠的信物，那么秦王是不可能让我接近他的。我听说从秦国叛逃来的樊于期将军，秦王悬赏千金、封邑万户，要他的脑袋；如果真能有樊将军的首级，再带上燕国督元一带的地图，拿去奉献给秦王，秦王必定很高兴见我，这样我就有报效您的机会了。"

听说要樊于期的首级，太子有些不忍，他说："樊将军在危难之中依附于我，我怎能忍心为了自己的利益而伤害年长者的情义呢？还是请先生再想想别的办法吧！"

荆轲知道太子说什么也是不会同意的，于是私下去见樊于期，对他说："秦国对樊将军真是太残酷了。父母妻儿斩尽杀绝，还悬赏千金，封邑万户，要您的脑袋，将军打算怎么办呢？"

樊于期被触动心事，不禁仰天长叹，涕泪滂沱，说："我樊于期每想到这深仇大恨，便肝肠寸断，痛苦莫名，我连做梦都想着报仇，就是不知道有什么办法啊！"

"我倒是有个主意，既可以解除燕国的危难，也可以为将军报仇。"荆轲停顿片刻，对着樊于期说："不知将军意下如何？"

樊于期急忙问道："你是要我做什么事吧？"

"是的。"荆轲一字一顿地说："想要将军的首级，拿去献给秦王。这样秦王必定很乐意见我，我就有机会可以很容易地抓住他了。我左手扯住他的袖子，右手这把刀子朝秦王胸口猛刺。这样一来，不但将军的深仇大恨可以报了，而且我们太子蒙受的羞辱也可以洗雪了。将军愿意这样做吗？”

樊于期听到这里，马上将半边袖子挽起，一只手紧紧握住另一只手的臂腕，神情庄严地说：“我日夜切齿捶胸，就是因为想不出一个好办法啊。如今有了这个办法，那就拜托了。”话一说完，抽剑往脖子上一抹，就自杀了。

太子听说这件事后，马上坐着车子前来了。一下车，就伏在樊于期的尸体上嚎啕大哭。但木已成舟，也无可奈何了。于是吩咐手下取下樊于期的首级，用匣子装好。

随后又访求天下最锋利的匕首。结果花费一百金，购得赵国徐夫人的匕首，又吩咐工匠用药水焠了火，试了试，效果非常好，只要见了血，即使划破一个很小的口子，人就没命了。太子还为荆轲配备了一个名叫秦舞阳的副使。于是万事俱备，只等送荆轲上路了。

然而荆轲还要等一个人。这是荆轲自己精心物色的一个帮手，但不知什么原因，迟迟未到。荆轲只得一面为这个人准备行装，一面十分焦急地等待。这时太子却急不可耐了，甚至怀疑荆轲有反悔之心，于是再次催促说：“时间已经差不多了，莫非荆卿有什么其他的想法吗？那么是不是派秦舞阳先动身呢？”

荆轲听了，大动肝火。这不是明摆着不相信人吗？他厉声呵斥太子说：“太子派我们去究竟为了什么呢？如果只考虑去而不管能否达到预定的目的，那么叫小孩子去就行了。现在要去的地方是深不可测的强大秦国，而我等只有一把小小的匕首，不能不周密策划。我之所以还未动身，是想等一个已经约好的帮手。既然你嫌迟了，那么我马上告辞动身好了！”

说到这里，有必要补充一个重要的事实：荆轲虽然侠骨义胆，可惜剑术并不十分高明。也许正是意识到这种情况，所以他才要物色一个得心应手的人，以尽量增加此行成功的机会。太子丹急于求成的心理和用人又疑人的褊狭心态，也许正是酿成荆轲“出师未捷身先死”的一个潜在的因素吧！

荆轲就是带着这样一种并不平静的愤懑心情踏上征程的。太子丹及其他知道内情的人，都身着白衣白冠前来送行。一行人来到易水之上，祭过路神，即将出发了。荆轲的好朋友高渐离敲起筑来，荆轲和着筑音引吭高歌，琴音悲婉，歌声苍凉。一种凄凉的气氛笼罩着每一个在场的人，大家情不自禁地垂泪涕泣起来。这时，只听荆轲又唱道：“风萧萧兮易水寒，壮士一去兮不复还！”激昂慷慨的琴声与歌声，仿佛又使人们回到了强秦压境的现实之中，预感到荆轲行色的悲壮。车子开动了，荆轲出发了，他始终也没有再回过头来看上一眼。

来到秦国，荆轲二人拿出千金购买了贵重的礼物，重赂秦王宠臣中庶子蒙嘉。蒙嘉于是在秦王面前说："大王的威力已经使燕王感到震惊和害怕了。燕王不敢用武力进行抵抗，表示愿意臣服秦国，以后就做一个诸侯，像郡县一样进贡尽职，只求保留他燕王的位置。他怕这样说了您还不相信，因此杀了樊于期的头，又准备了献给您的燕国督亢的地图，分别用匣子封装得好好的。燕王自己在大庭上举行了隆重的拜送礼仪，又派了使者送到秦国，还要亲自面呈大王。现在正等着大王下令处置。"

秦王听了，非常高兴，于是身着朝服，安排了九宾之礼，在咸阳宫接见燕国的来使。只见荆轲捧着樊于期首级的匣子，秦舞阳捧着督亢地图的匣子，先后进了宫门。走到台阶下面，秦舞阳害怕起来，脸色突变。秦国的群臣感到有些蹊跷。这时荆轲看了秦舞阳一眼，笑了笑，上前一步对秦王谢罪说："北方边远之地的野人，从未见过天子，一见大王竟如此害怕，还望大王开恩，让他在您面前顺利完成他的使命。"

这时秦王对荆轲发话道："把秦舞阳拿的地图取过来。"

荆轲应声取过地图，呈献上来。虽然他脸上看上去仍然十分平静，但内心的紧张可以说已达极点，因为那把匕首就藏在地图卷中。

秦王接过地图，一边徐徐展开，一边察看图上的城镇山川。待到地图完全展开时，那把匕首便露了出来。还不等秦王反应过来，荆轲一个箭步冲了上去，左手抓住秦王的衣袖，右手操起匕首就向秦王刺去，但未刺中。秦王开始一惊，但很快便立起身来，奋力一挣，被荆轲抓住的衣袖撕断了。秦王又赶紧拔剑，可是剑太长，仓促之间未能拔出。这时荆轲再一次扑了过来，秦王便围着铜柱边跑边躲。秦王手下的群臣都惊呆了，眼前的事情发生得太突然，竟使他们一时不知如何是好。

按照秦国的律令，群臣上殿，是不准带兵器的；手执武器的侍卫，一律站在殿下，没有秦王下令，不能上殿。当时仓促之间，也来不及召唤卫兵。因此朝廷之上，便出现了荆轲追逐秦王的一幕。

后来，秦王在群臣的提醒下，把剑推到身后，这样剑就被拔了出来。秦王一挥剑，便砍断了荆轲的左腿。荆轲一下子瘫倒在地，而与此同时，荆轲手中的匕首也向秦王飞了过去，可是又没有刺中。这时秦王挥剑上前，在荆轲身上一连刺了几剑。荆轲满身是伤，自知事情办不成了，便靠着柱子伸出两腿坐在那里，对秦王冷笑道：“事情没有成功，实在是想生擒你，逼你立下不犯燕国的约定，以报答太子丹。”刚一说完，秦王手下的人一拥而上，将荆轲杀死了。

后人在分析荆轲失败的原因时，除了认为他的剑术不精外，再就是归咎于太子丹急于成事，不等荆轲的帮手赶来便催促荆轲出发，而另外委派的副手秦舞阳在关键时刻竟完全没有发挥作用。当然这些都是后话了。今天，为此事惋惜已无任何实际意义，重要的是在这件事中，我们认识了一个不失英雄本色的人物——荆轲。

动脑筋

对于荆轲刺秦王，有人褒之，亦有人贬之。褒之者说，这个故事“具有一种见义勇为、急人之难、反侵伐、反强暴的政治意义，一个国家面临山穷水尽，灭亡在即之时，一群勇士不肯甘心为虏，起而做最后的抗争，尽管不能挽救危局，其气节是感人的，是可歌可泣的。”而贬之者则认为：秦统一六国在历史上有进步意义，荆轲等人站在行将灭亡的燕国统治者的立场上反抗实现统一的秦国，是一种历史的反动，因此荆轲的精神根本不值得提倡和学习。你怎样看待这个问题呢？

揭竿而起

阅读提示

秦朝末年陈胜、吴广领导的农民起义虽然最终失败了，但它毕竟是我国历史上第一次大规模的农民起义。在当时，它有力地冲击和动摇了秦王朝的统治基础；在后世，为历代劳动人民树立了用暴力反抗封建压迫和封建剥削的光辉榜样。陈胜、吴广和他的战友们首举义旗，勇敢战斗，至死不屈的精神，永远值得后人的敬佩和纪念。

本篇主要介绍陈胜、吴广是怎样揭竿而起的。

讲故事

公元前209年的7月，华北大平原骄阳似火，赤地千里，一队衣衫褴褛、面黄肌瘦的庄稼汉，向着北方艰难地跋涉着。他们大约有900多人，都是淮河流域一带的贫苦农民。

当时，秦朝的开国皇帝秦始皇出外巡视时，在沙丘突然得病，不久就一命呜呼了。继承帝位的是他的小儿子胡亥，也就是秦二世。秦二世昏庸残暴，倒行逆施，一上台就大杀秦始皇的其他子女和有功之臣，以维护自己的统治地位；大兴土木，大养飞禽走兽，以供自己游猎赏玩；乱施刑罚，加重徭役赋税，以致老百姓几乎无法生活下去了。

淮河流域的这900多农民，就是被秦二世强行征派的徭役，到渔阳去戍守边防。他们的两个头儿是官府临时指定的，一个叫陈胜，一个叫吴广，都

▲揭竿而起

是素有大志的贫苦农民。就拿陈胜来说吧，有一次给地主家干活，看到长工们一个个累得汗流浃背，疲惫不堪，胸中顿时感慨万千。休息的时候，他坐在田埂上对大伙说："日后咱们之中不管谁得了富贵，千万不要忘了一起受过苦受过累的穷哥们啊！"可是大伙听了却觉得好笑，有的人还说："一个穷打工的，哪来的富贵呀！"陈胜发现大家不理解自己，只好感叹道："小小的燕雀，哪能知道鸿鹄的冲天大志呢？"

如今，共同的命运，使这900多个庄稼汉走到一起来了。他们之中，有的是家中唯一的强劳力，一走之后庄稼就没人种了；有的上有年迈的父母，下有未谙人事的子女，以后他们该怎么过呢；有的刚刚办完喜事，第二天就与新婚的妻子挥泪分手了；还有不少人是得罪了地方上的豪强恶霸，因而被逼背井离乡的。900多人，人人都有一肚子的苦水。陈胜、吴广了解到这些情况后，对这些落难的穷弟兄们更加同情了，因此处处关心照顾大家，在与押队的尉官发生冲突时，也敢于为大家说话，因此深受同伴们的拥护和爱戴。

陈胜、吴广也很快结成了莫逆之交。一有空，他俩就在一起纵谈天下大事。陈胜说："秦始皇死后，本应扶苏继位，但却被胡亥篡夺了，因此秦二世很不得人心。"吴广也说，他到京城去过一次，路上受刑带枷的人比比皆是，每天被杀死和饿死的人在集市上堆积如山。他们感到秦王朝的寿命已经到头了，他们耐心地等待着时机。

这一天，900多人走到蕲县的大泽乡，突然间乌云密布，紧接着下起了倾盆大雨，早已精疲力竭的人们纷纷找地方躲雨，队伍因此停了下来。

大雨一连下了好几天，看样子还停不下来。押队的尉官急着完成任务交差，下令大家冒雨上路，并且抽出鞭子进行威逼。眼看好几个弟兄挨了鞭打，这时陈胜、吴广上前说："现在还在下雨，就是雨停了，这道路淹的淹，冲的冲，这会儿也无法走啊！"

两个尉官见陈胜、吴广出来说话，马上住了手。因为陈胜、吴广毕竟是这帮人的头头，如果把他俩得罪了，事情就会更麻烦。最后他们威胁说："你们耽误了好几天，已经无法按期到达渔阳了。按大秦的律令，违期者斩！你们自己看怎么办吧！"说完之后就回帐篷喝酒去了。

违期者斩？人们一下子惊呆了。他们围住陈胜、吴广，有的问：违期真的要杀头吗？有的问：我们真的不能按期到渔阳了吗？有几个特别胆小的，禁不住失声痛哭起来。

陈胜、吴广对大家安抚了一番，等到惊恐不安的人们散开之后，他们随即把一些最亲近、最得力的人找到一起，秘密商议对策。大家都感到情况十分严重，不能束手待毙。陈胜见时机终于成熟，便开口讲道："如果不等死，现在我们还有两条路：一是大家逃亡，二是起来造反。若是逃亡，是死罪；若是造反，也是死罪。既然都是死罪，还不如轰轰烈烈干一番大事业！"陈胜扫视了一下大家，见大家都在屏息静听，接着又说："现在天下老百姓被秦王朝折磨得苦不堪言，怨声载道，已经不是一天两天了。只要我们挺身起来造反，一定会得到天下人的响应。"

这些老实巴交、一辈子受苦受累的穷苦农民，向来安分守己，然而现在，他们的生路完全被断绝了。听了陈胜的话，觉得句句在理，纷纷表示，愿意跟着陈胜、吴广一起干。最后，陈胜和吴广吩咐大家分头联络，做好准备，随时听令。

第二天，两个尉官又催人们上路，看见大家不动，便扬起鞭子打起人来。陈胜、吴广相互交换了一下眼色，几个人一拥而上，夺下尉官的大刀，还不等他们明白怎么回事，就结果了他们的性命。这时，900 多人早已围拢过来。陈胜登上高处，慷慨激昂地说道："天降大雨，误了我们到达渔阳的期限，而当朝的法令，误期就要处死；就算侥幸不被处死，戍守边塞，十个有六七个也是要送命的。"陈胜见 900 多双眼睛都在看着自己，便又高声说道："弟兄们，有骨气的，不死便罢，死也要死得轰轰烈烈！我陈胜就不相信，那些帝王将相就都是天生的？"

这石破天惊、气吞山河的话，在统治者看来，实在是大逆不道，要诛灭九族，五马分尸的，而此时此刻，它驱散了天空的阴霾，也驱走了人们脸上的愁云；它表达了这位农民英雄无所畏惧的勇敢精神，更激起了 900 多个弟兄起而抗争的勇气。大家一致推举陈胜为将军，吴广为都尉，高呼着"伐无道，诛暴秦"的口号，起来造反了。

中国历史上第一次大规模的农民起义，就是在这一天，在大泽乡揭开了它无比壮丽的序幕。

动脑筋

没有革命的理论，就没有革命的行动。陈胜起义，无疑是农民阶级反对封建统治阶级的革命行动。有人说，陈胜起义根本没有革命理论，你同意吗？请结合本篇故事谈谈你的看法。

李寄斩蛇

阅读提示

汉高祖刘邦当亭长的时候，曾在夜路上遇见一条斑斓大蛇，随行的人吓得想往回跑，刘邦却说：“壮士行路，怕什么呢？”乘着酒兴，拔剑上前，将大蛇斩为两截。不久，刘邦起义反秦，终于得了天下。这就是后来所流传的“斩蛇作帝”故事的由来。

无独有偶，在中国历史上还有一个因为斩蛇而当了皇后的女子，其大无畏的勇敢精神丝毫也不逊于堂堂的汉高祖。本篇介绍的就是这个女子的故事。

讲故事

这个女子名叫李寄，是福建将乐县（今福建平南市西）人。

李寄的家乡附近有一座叫“庸岭”的大山。山高数十里，树林密布，遮天蔽日，终年阴晦潮湿。几年之前，人们在山的西北部山洞中发现了一条大蛇，长七八丈，粗如大水桶。不少人被蛇所害，老百姓都惧怕得不得了。大家用酒肉饭食和整匹的牛羊祭祀这条蛇，也完全没有效果。

后来有人做梦，这条蛇在梦中告诉说：它想要吃十二三岁的小女孩，祭祀的供品，非这样的童女不可。一班装神弄鬼的巫婆，也绘声绘色地说，大蛇也这样吩咐过她们。

束手无策的地方官正发愁没有办法，听说之后，认为这是大蛇托梦，丝毫不敢怠慢。他们找到一些奴婢所生的女孩，以及罪犯家的女儿，将她们供养起来。每年8月上旬祭祀的时候，再将她们送到大蛇出没的洞口，让大蛇把她们活生生吃掉，于是一年才平安无事，这样每年送一个，已经有9个女孩丢了性命。

这一年地方官又开始四处张罗，寻求这样的牺牲品，然而过了好长时间还没有找到。地方官急得不得了，不断催逼手下人到四乡物色，并且布告说，如果是平民百姓家的女孩，官府可以出钱赎买。

当时李寄刚刚满12岁。听到这个消息后便应募卖身，要充当祭祀的供品。李寄为什么会有这样的想法呢？因为她家里实在太穷了。母亲生了6个孩子，没有一个儿子，六姊妹中她是最小的一个。一家8口，天天吃了上顿没有下顿，经常是糠菜充饥，这样下去怎么行呢？干脆卖了自己，用卖身的钱贴补家里吧！

然而做父母的怎么会答应呢？孩子是自己的骨肉，让孩子给大蛇一口一口地吃掉，他们连想都不敢想。于是李寄劝父母说："我一个女孩儿家，不但不能供养家里，反而白穿衣白吃饭，活着没有什么用处，还不如早些死了好。卖了女儿，多少可以得到一点钱，用来供养父母和家庭，岂不是件大好事吗？"

父母亲看着可怜巴巴而又如此懂事的女儿，不禁泪如雨下，不管女儿怎么说，他们横竖不肯点头。李寄明白，要想父母同意，那是绝对办不到了，于是只好偷偷地离开家，到县衙门把自己卖了。

祭祀的日子马上就要到了。李寄要求为她准备一把锋利的宝剑、一只专门咬蛇的狗，另外还有几筐米粉糕饼，糕饼中间包的是用蜜熬成的米麦糊。祭祀的那一天，李寄早早便来到洞口的庙中，怀抱宝剑，带着狗，坐在那里等候，并且将米粉糕饼放在洞口摆好。

不多一会儿，那条大蛇果然慢悠悠地爬了出来，蛇的脑袋大得像一个圆形的谷仓，眼睛如同直径两尺的镜子。大蛇闻到米粉糕的香气，马上爬了过去，大口大口地吃了起来。这时李寄松开手，狗放了出去，那狗猛扑到蛇的身上，死命地咬了起来，李寄则手握宝剑，绕到大蛇的后面，在蛇身上连刺数剑，扎了好几个口子。大蛇疼痛难忍，身子七扭八歪地挣扎着，又从庙中跳到院子里，不一会儿就一动也不动了。

李寄见大蛇已死，便提着剑走进山洞。借着昏暗的光线，发现了先前那9个女孩的头骨，李寄将它们一个个搬出洞外，非常痛惜地说："你们这些人太胆怯、太懦弱，结果让大蛇活活吃掉了，真是悲哀可怜啊！"随后就不慌不忙地回家了。

人们看见李寄平安无事地回来了，都很惊奇，及至李寄讲了事情的经过，他们还很怀疑，后来跑到洞口和庙里一看，这才相信李寄确确实实把大蛇杀死了。大家感谢她为百姓除了大害，对她的智慧和勇敢更是敬佩得不得了。

后来越王也知道了这件事，便将李寄请进宫中。李寄到底是一位不平凡的女子，所以不久就当上皇后了。

动脑筋

李寄的确不愧是一位不怕死的少年女英雄。但是李寄斩蛇，是否仅仅只是凭借了这种勇敢精神呢？除了勇敢，不怕死外，她还依靠了什么才杀死了这条斑斓大蛇的？

大勇若怯

阅读提示

有一次孟子对齐宣王讲：如果一个人谈起另一个人便马上瞪起眼睛，按剑逞勇地说："他怎么敢和我作对呢？"这种人充其量也不过是匹夫之勇，因为他对付的只是一个人而已。孟子还劝齐宣王不要欣赏这种匹夫之勇的小勇，而要爱好"以对天下"的大勇。

本篇所介绍的韩信，就是一个大勇的典型。他不但不逞一时之勇、匹夫之勇，而且为了实现其"以对天下"的抱负，不惜忍受"胯下之辱"。宋代苏轼有言："大勇若怯。"韩信的这个故事，就是一个最生动的例子。

讲故事

韩信是西汉王朝的开国重臣。在秦朝末年的楚汉战争中，他被拜为大将，为刘邦扫平各路诸侯并最终击败项羽夺取天下立下了赫赫战功，先后被封为齐王、楚王。虽然最后因谋反罪名而遭杀害，但综观其一生，仍不愧是勇武过人，英雄一世。然而在韩信投靠刘邦以前，他却有过不堪回首的一段痛苦、心酸和屈辱的经历。

他是江苏淮阴人，一个穷困潦倒的小小百姓。按照自战国以来的办法，乡官可以向上推举本地的人才做官，他虽有抱负也不乏才干，可惜不知什么原因，总也没有推举到他的头上；经商谋生也是一条活路甚至可以发财致富，但他却毫无兴趣。这样一来，吃饭穿衣就成了问题。特别是一日三餐，餐餐都是不应该少的，在他却是饱一顿饿一顿。而且他大多是寄住在别人家里吃白食，时间一长，又有几个人不厌烦呢？有一个时期，他寄住在下乡南昌亭长家中，已经好几个月了，也没有离开的意思。亭长老婆担心韩信这样住下去没完没了，于是有一天提前做好饭，人没起床就把饭吃了。到了吃饭的时候，韩信来到亭长家里，饭菜已经吃得精光，连碗筷也都收拾停当，主妇完全没有再做饭的意思。韩信是个明白人，什么话也没有说，一生气，再也不上亭长家里，而且自那以后，也不知他去了什么地方。

穷困潦倒的韩信四处漂泊。有一次，他正饿着肚子在城外水边钓鱼，旁边有不少老妇在漂洗棉絮。其中一个老妇人见韩信一整天什么东西也没有吃，便将自己带的饭分了一半给他。这样过了几十天，天天吃的都是老妇人的饭。韩信很感激地对那个老妇人说："我将来一定要重重地报答您。"老妇人一听，十分生气地说："男子汉大丈夫不能自己养活自己，我是看到公子可怜才给你饭吃，难道我是为了图报答吗？"

其实韩信自己也不满意这种状况。或许他是在等待机遇，正如有人说过的那样：不鸣则已，一鸣惊人；不飞则已，一飞冲天。然而机会还没有等到，韩信却遇到一件叫他万分尴尬，倍感屈辱而同时又使他垂誉后代、流芳千古的事情。

有一天，韩信正在淮阴县城里走路。他爱好兵战，喜欢武艺，平时总是剑不离身，这一天也不例外。走着走着，迎面过来了一个年轻的地痞当街把他拦住了。那地痞大声大气地说："你虽然长得人高马大，喜欢把刀剑带在身上，但是照我看，不过是个胆小鬼罢了。"

韩信知道这个小痞子是吃饱了撑着的，也不答理他，便侧过身子想从旁边走过去。不料小痞子也横了过来，两手叉腰，把韩信又挡住了。这时，人们都围了过来。

小痞子一看这么多人在围着看，更加来了兴致。只见他退后一大步，把两腿左右分开，把衣襟解开，拍着肚皮大声喝道："韩信：你今天敢杀死我，就用你的剑往我这里刺；你要是不敢杀死我，那就对不起，劳驾你从我胯下爬过去吧！"

围观的人越来越多了。开始大家都担心要出什么大乱子，一个个都屏息静气。过了一会儿，人群便开始骚动起来，有的喊："韩信，刺啊！""刺啊，韩信！""刺啊，你这个胆小鬼！"有的则阴阳怪气地叫道："韩信，爬呀！""韩信，爬过来呀！"那个小痞子也更加得意忘形了。

韩信两眼一直瞪着那个小痞子，内心里展开了激烈的思想斗争。也许他的第一个念头就是冲上去，用剑在这个痞子身上穿一个透明窟窿；也许他想到了20多年来一直萦怀不去的伟大抱负；也许他从内心深处涌起一股对这个浅薄无赖的高度蔑视或无限怜悯；也许他想到了对老妇人“将来一定要重重报答”的诺言；也许他正在作一个比较：我韩信杀了这个痞子然后我再偿命，我的性命难道跟这个痞子的命一样不值钱吗？也许他还想到了历史上那些忍辱负重，最后终于成就大业的先哲圣贤……

在众目睽睽之下，韩信弯下身子。人们一下子静了下来。只见韩信两手前撑，两膝着地，匍匐着，从小痞子的胯下，慢慢爬了过去。讥笑声、嘲骂声顿时又响成一片。

在人类文明史上，大概从来没有过如此艰难的爬行。然而正是在这样一种境况中，人格力量受到了一次特殊形式的检验，人生的价值迸发出一种深沉悲壮的光彩。

韩信后来被封为楚王后，又回到江苏。他派人找到当年给他饭吃的老妇人，赏赐给她千金。至于南昌亭长，则只给了他一百钱，韩信对他说：“你只是个眼光短浅的小人，做好事却不能做到底。”对于当众辱没他、要他从胯下爬过去的那个小痞子，韩信不但没有报复，反而还安排他当了掌管巡城捕盗的武官。韩信对他手下的将相说：“他可也是个壮士啊！当初他辱没我时，我难道就不能杀了他吗？可是杀了他又有什么意义呢？这样我就忍了下来并且才有了今天！”

动脑筋

(1)在现实生活中，面对坏人为非作歹而不敢制止，看见小偷盗人财物而不敢作声，遇到种种害国扰民、贪污腐败的现象却熟视无睹。如果把这些都归结为一个“忍”字，那么这种忍同本篇故事中韩信的忍是一回事吗？

(2)我们说，韩信的“忍”是一种大勇的表现，那么上面那些“忍”也能算是大勇吗？

无坚不钻

阅读提示

1970年,国际天文学界在给月球上的一座环形山正式命名时,用了一个中国人的名字。

1977年,国际天文学界在给太阳系中一个编号为1802的小行星命名时,又用了这个中国人的名字。

这是一位在文学、天文学、地震学、机械制造学等方面成就卓著,前无古人,影响深远,在世界史上罕见的伟人。

他的成就集文学、科学于一身,在中国文化史上享有崇高地位。

他,就是我国东汉时期的文学家、科学家张衡。

本篇仅介绍张衡发明浑天仪和地动仪的一些情况。(张衡的成就委实太巨大了,这里的介绍必然是挂一漏万的。)同时顺便表明一点:张衡身上那种"无坚不钻"的精神,也是他取得巨大成就的不可忽视的重要原因。

讲故事

西汉年间,杨雄仿《易经》作《太玄经》的时候,他的朋友刘歆劝他说:"你这样做真是自讨苦吃。如今做学问的人,连《易经》尚且搞不懂,对于你的《太玄经》,又有谁能够读懂呢?我担心后人要用它来盖酱坛子了。"杨雄死后,他所写的《太玄经》果然很少有人理会了;至于读不懂,更是被刘歆不幸而言中。

然而他们没有想到，东汉的张衡，这个“越是困难的学问，越要钻研”的人，不但读通了《太玄经》，而且正是由于受到《太玄经》的启示，在天文学领域作出了杰出的贡献。

张衡在天文学方面最大的成就之一，就是仅用一年时间，发明制造了显示日月星辰起落运行情况的浑天仪。这是当时世界上第一架最先进的天文仪器，发明的时间比西方杰出天文学家哥白尼、开普勒、伽利略发明的类似仪器要早一千多年。

张衡造浑天仪，自东汉以来代有记载，世所公认，但究竟是怎样一种构造，说法始终不一。对于后代学者的研究、模拟，这里暂且不去管它，还是让我们看一看浑天仪演示效果的生动说明吧。

《晋书·天文志》记载：张衡将铜浑天仪放在一个门窗关闭的密室中，根据滴漏壶原理用漏水带动齿轮，齿轮再驱动浑天仪旋转。演示的时候，安排一个人在密室内监视仪器运转并随时将显示天象的情况报告室外，室外的人再将这个情况转告给正在灵台上观测实际天象的人。结果发现，浑天仪显示的天象与实际天象完全吻合。当室内报告“某某星开始出现”时，灵台上正好看到某某星出现在地平线上；当室内报告“某某星已升到天中”时，灵台上看到的某某星正好位于头顶上方；当室内报告“某某星已沉没”时，灵台上正好看见某某星消失在地平线下。

除了浑天仪，张衡还制成了世界上第一架测量地震的仪器——地动仪。张衡的地动仪开辟了人类用科学方法研究地震的新纪元，比欧洲人发明的地震仪要早 1700 多年。

地动仪的历史命运比浑天仪要好一些。尽管地动仪原物同样早已失传，不过它的原理、形状、构造及其效果，有关记载比浑天仪确实要多。

根据《后汉书·张衡传》的记载：地动仪是用精铜铸成的，直径 8 尺，形状像个大酒坛。仪器外围铸有铜龙 8 条，龙头分别对准东、东北、北、西北、西、西南、南、东南八个方向。每条龙的嘴里都含着一个铜球，下方是 8 个铜铸的蛤蟆，昂首张嘴，正对龙头。地动仪的枢纽机关在仪器中部，一根上粗下细的铜制立柱位居正中，紧挨立柱的是通往各个方向的 8 根铜杆，铜杆外连龙头，杆上装有控制开合的机关。仪器顶上有个隆起的罩子，覆盖得严严实实，没有一丝空隙。平时，仪器中部的立柱端正平稳，垂直竖立，如果发生了地震，立柱就会向震源方向偏倒，从而牵制铜杆，触发机关，带动龙嘴吐出铜球，铜球下落，直入蛤蟆口中，撞击振动，声响激扬。管理人员一听到声响，就知道发生了地震。8条铜龙之中，一龙机关触发，而其余7龙依然纹丝不动，据此确定方向，就可以知道发生地震的方位了。

地动仪投入使用时，效果非常灵验。公元133年4月、135年12月、137年4月、138年2月，京都连续发生的几次地震，张衡的地动仪都准确地测到了，没有一次失误。

但是公元138年的某一天，地动仪竟然出现了一次"意外"：西北方向的龙嘴吐出了铜球，可是在洛阳，谁也没有感到"地动"。一些对地动仪本来将信将疑的官员和学者七嘴八舌地议论起来，说张衡的地动仪失灵了。没想过了几天，有人到洛阳来报告说："陇西（现甘肃东南）几天前发生了地震！"一查对时间，正是西北方向龙嘴吐出铜球的同一个时辰，而且震源中心距洛阳相隔有1000多里！

据专家考证分析，张衡地动仪与现代地震仪的设计原理，竟然有惊人的相似之处。现代地震仪由拾震、放大、记录三个主要部分组成，而这三个部分，张衡地动仪莫不具备：立柱是拾震部分，铜杆及开合机关是放大部分，蛤蟆张口接球是记录部分。

千百年来，尤其是最近这几十年来，许多人都在深入探讨张衡地动仪内部的具体构造，但直到今天，这方面的问题还不能说完全研究清楚，以至于今天按古法复制的"地动仪"，始终还没有达到史书上记载的张衡地动仪业已达到的灵敏度。这也许是我们现代人或现代文明的悲哀，但也正说明了张衡难以企及的奇思巧技是何等伟大。

张衡的巨大成就，毫无疑问，与他天资聪慧、才高知深是分不开的，但实事求是地讲，应该说更是他敏而好学、锐意进取的结果。他文章中"约己博艺，无坚不钻"（意思是：节制自己，广求技艺，再艰难的事物也要去钻研它。）这两句话，正是张衡敏而好学、锐意进取精神的集中概括和最生动的自我写照。

▲张衡发明浑天仪

动脑筋

在中华民族文明史上，许多曾经实现过的技术成果和工艺水平由于种种原因而失传了，可是今天要么根本不知如何复制，要么复制出来了却达不到当初的水平。除了本文提到的地动仪外，还有不少这样的例子。例如许多出土铜制品上面一层压一层的堆砌纹饰，我们至今还不知道古人使用的是哪一种铸造方法，采用了什么工艺。对于这些现象，你是怎样看待的呢？

勇闯虎穴

阅读提示

“不入虎穴,焉得虎子。”这句成语比喻不亲历艰险就不能取得成功。

今天,当我们使用这个成语时,我们可曾想过这句话最先是谁说的呢?

他就是东汉年间出使西域31年,以其过人的胆略和智慧,平定边乱,抗击外侵,保护了西域各族安全以及“丝绸之路”畅通的著名将领和外交家班超。

在下面这则故事中,我们不但可以了解班超怎样讲出了这句至理名言,并且怎样地身体力行,而且还可以具体领略到他略施小计便探听到真实情报的聪明才智。

讲故事

公元73年,班超奉命与从事(当时一种官职)郭恂一起出使西域鄯善国,随行的官兵总共才36人。

班超刚到鄯善国时,鄯善国国王对他们优礼有加,照顾得极其周到。但是不久就发生了变化:来往少了,态度也懈怠了。

班超心细如发,这一迹象马上引起了他的警觉。他向身边的人说:

“你们难道没有觉察到鄯善国对我们的礼节淡薄了吗?这一定是北面匈奴的使者也来了。鄯善国一时拿不定主意倒向哪一边,所以才这样若即若离。聪明人要在事情还未萌生时就发现问题,更何况这件事已经如此明显了呢?”

身边的人听了班超这一番话,再一回想最近的情况,都认为班超的分析很有道理。但分析并不等于事实啊,而且就算是匈奴使者真的来了,鄯善国一定会封锁消息,他们又怎么能够知道里边的详细情况呢?

其实班超早已有了办法,他派人将鄯善国负责接待的人找来,一见面就劈头问道:

“匈奴使者来了好几天了,如今他们住在什么地方啊?”

一句话,问得那个鄯善人十分惶恐。他暗自寻思,匈奴确实来了人,但交代过不得走漏风声,现在汉人怎么知道了呢?不过汉人既已知道,再打掩护也没有用了,于是一五一十,把匈奴来人的情况都讲了出来。

怀疑得到证实,班超当即软禁了那个鄯善人,随后将36名官兵全部召集起来,摆了满满几桌酒席,大家举杯共饮,越喝越痛快。班超估计喝得差不多了,便十分激动和愤慨地讲道:

“在座诸位和我来到这远荒边疆,都是想要立大功,建大业的。如今匈奴使者也来了,才几天工夫,鄯善国对我们就不怎么恭敬了。如果让他们再收拾了我们送给匈奴,那我们就只有将尸骨永远丢在这里喂豺狼了。大家说,我们怎么办?”

众人一齐喊了起来:“如今我们身处危险、死亡之地,是死是活都听您的了。”

班超见此,便说:“不入虎穴,焉得虎子。当前的办法,只有乘夜火攻匈奴使者,他们不知我们人马多少,必然十分震惊和害怕,这样就可以将他们一举全歼。杀了这些匈奴人,鄯善国也就没有胆量跟我们对抗了。”

部下一致表示赞同,但又说:“这件事还得跟郭从事商量一下。”

班超十分生气地说:“吉凶祸福,决定于今日。郭从事是文职官员,听到这件事一定非常害怕。弄得不好,秘密一泄露,我们恐怕死了都不知怎么死的,那还算是有胆有略的壮士吗?”

大家听了,都觉得在理,当即就将行动方案定了下来。

晚上刚一天黑,班超就率领官兵直奔匈奴使者驻地而来。班超先命令10个人带着鼓藏在匈奴驻地屋后,并且约好:“你们只要看见火起,就一齐敲鼓高声呐喊。”其余的人则手持兵器、弓箭,安排在匈奴门前,夹道埋伏起来。

布置停当,正值天刮大风,班超就顺风放起火来。顿时匈奴屋前屋后,鼓声、喊声响成一片,匈奴惊慌失措,乱作一团。班超手起刀落,连杀3个匈奴人，部下官兵也一齐动手，杀死匈奴使者及其部属30多人，其余还有100多人，统统烧死在屋里了。

第二天班师回来，班超才向郭恂报告了这件事。郭恂果然大惊失色，但不一会儿，那张脸又变成了猪肝色。班超猜到了他的心思，便说："您虽然没有与我们一同行动，但我班超怎么会一个人独占了这份功劳呢?"郭恂听了这话，果然高兴起来。

事后，班超请来鄯善国国王，把匈奴使者的首级给他看了。这件事传开以后，鄯善举国心惊胆战。于是班超又晓之大义，告以利害，极力安抚，多方慰藉，还接受了鄯善国的王子为人质。最后，终于把这件事很圆满地解决了。

动脑筋

班超开始本来只是怀疑匈奴使者来了，可是把鄯善国负责接待的人找来问话时，班超为什么要说"匈奴使者来了好几天了"，而且说得那样肯定？班超这样说的目的是什么？这个目的达到了吗？

勇冠三军

阅读提示

西汉初年，北部边疆经常遭到匈奴奴隶主贵族的军事骚扰。由于实力虚弱，西汉政府对匈奴一直奉行“和亲”政策，即把皇家宗室女嫁给匈奴单于，并奉送大量金银财宝，向匈奴言和求好。

然而“和亲”政策并没有也不可能解决问题。匈奴对汉朝边郡的攻掠始终没有间断，汉朝每年被杀害和掳去的边地人口都在万人以上，好几次匈奴干脆拒绝和亲。

这种被动挨打的局面，到了汉武帝时终于有了根本的改变。经过前后十几年，大小几十次战役，匈奴不得不“远徙北方”（即跑到北方很远很远的地方），匈奴对汉朝北部边疆的威胁终于得到解除。

西汉驱逐匈奴的胜利，得力于两员英名赫赫的大将，一个叫卫青，一个叫霍去病。本篇不是全面介绍他们两位，而只想说一说霍去病；而在霍去病经历过的无数次战役中，重点介绍发生在公元前121年的河西大捷。

讲故事

汉武帝对匈奴的战争，大致包括三次较大的战役。公元前127年至123年为第一战役时期；公元前121年为第二战役时期；公元前119年为第三战役时期。

第一战役的前期，霍去病因为年少而未能参与，但他赶上了这次战役的最后一战。年仅18岁的霍去病，在这次战斗中初露锋芒，率领800精兵，追赶敌兵数百里，斩敌2000余人，杀死匈奴相国、当户等官，还活捉了匈奴单于的叔父罗姑比，汉武帝褒奖他："功冠全军，封为冠军侯。"

公元前121年，第二次战役开始了，斗争的焦点是争夺河西地区。河西地区是汉朝通往西域道路的要冲，而且控制了河西，还可以切断匈奴与羌人的联系，进一步从军事上孤立匈奴。因此汉武帝非常重视这一次战役，特地任命霍去病为骠骑将军，委以领导进军河西的重任。

这一年的春天，霍去病率领一万名精锐骑兵，从陇西出发了。在前6天，他们首先越过乌戾山，攻击了匈奴的速濮部；随后又渡过孤奴河，闯战匈奴的5个王国，前后奔驰1000余里，终于在第7天的时候深入到匈奴腹地，与匈奴主力在皋兰山正西相接。

寻找匈奴主力，消灭其有生力量，是霍去病非常明确的指导思想。所以他带兵作战，从不避实就虚，而总是长驱深入敌后，直插敌军腹地，打得匈奴猝不及防，晕头转向。这一次与匈奴主力相逢，正好实现了霍去病的意图。但见皋兰山下，两军短兵相接；一边是有备而来，士气正旺，另一边则仓促应战，被动挨打。结果汉军大获全胜，杀死匈奴折兰王和卢侯王，活捉浑邪王子及相国、都尉，俘虏敌军8960人，还缴获了休屠王的祭天金人（佛像）。从此，匈奴军队对霍去病是闻风丧胆，非常畏惧。

同年夏天，汉武帝又派出两支军队进击匈奴：一支从右北平出塞，由博望侯张骞和郎中令李广率领；另一支从北地郡出塞，由霍去病和合骑侯公孙敖率领。

从北地郡出塞的这一路人马，后来出现了意外情况：出塞不久，公孙敖就迷失了方向，从而无法实现与霍去病会师的原定计划。因此这次行动中，霍去病实际上是孤军作战。尽管如此，霍去病率领的汉军，士气丝毫没有懈怠，依然是所向披靡，他们长驱2000余里，涉过钧耆河，越过居延泽，到达小月氏，直插祁连山下，连破匈奴数部，最后在觻得地方终于又寻到了匈奴的主力，打了一场十分漂亮的歼灭战，大获全胜。

这次进击匈奴，霍去病率领的这一支队伍战果最为辉煌：俘获匈奴单桓，酋涂等7王以及单于阏氏王子59人，相国、将军，当户、都尉63人，斩杀、俘虏30200人，受降兵将2500余人，而霍去病队伍中的伤亡却不过3/10。霍去病因此得到了汉武帝更多的奖赏和封邑，其地位甚至超过大将军卫青。

到了这一年的秋天，汉武帝忽然得到一个消息：匈奴浑邪王和休屠王打算率领队伍投奔汉朝。原来西汉军队两次进军河西的胜利，引发了匈奴集团的内讧。浑邪王和休屠王屡战屡败，匈奴单于决定执行军法，将他们定成死罪。他们一商量，觉得与其白白被处死，还不如向汉朝投降。汉武帝了解情况后仍不放心，担心对方是以诈降为名来偷袭边境，便派霍去病率轻骑1万人，前去受降。然而未等霍去病到达河西，对方又出现了新的情况，原来休屠王突然变卦，又不想投降了。浑邪王只得杀了休屠王，兼并了他的部队。两王手下的兵将对于投降汉朝，心理准备本来就不充分，浑邪王杀了休屠王后，更是人心惶惶，因此，当霍去病率领的受降队伍刚一渡过黄河，与这些匈奴将士遥遥相望时，他们看到汉军众多，阵容强大，怀疑有诈，一部分人也不愿投降了，许多士兵纷纷逃走，匈奴部队顿时乱作一团。

在这关键时刻，霍去病当机立断，飞马驰入匈奴营内，亲自和浑邪王举行紧急谈判，很快消除了对方的疑虑，并当即下令，拦截逃跑的兵将，立斩8000余人。混乱的队伍立即安定了下来。

随后，霍去病派人护送浑邪王乘驿站快车先到长安去见汉武帝，他自己则率领投降的4万匈奴兵将，缓缓渡过黄河，一路东行，随后回到长安。

这次受降，一波三折，但有惊无险，终于获得成功，充分显示了霍去病的机智勇敢、灵活果断及其超群的军事才能。他又一次受到了汉武帝的嘉奖。

总之，这一年西汉军队的几次胜利以及浑邪王的投降，终于使河西广大地区重新回到了西汉王朝的手中，汉朝军队取得了第二次战役的全面胜利。而霍去病在这次战役中的出色表现及其丰功伟绩的确是他人难以匹敌的。

动脑筋

汉武帝为了嘉奖霍去病的赫赫战功，专门为他建造了一所华丽的住宅，叫他去看一看，满意不满意，然而霍去病没有接受。你知道他为什么不肯接受吗？

在拒绝这所住宅时，霍去病对汉武帝说了一句后来千古流芳的名言。你知道这句名言吗？

丝绸之路

阅读提示

马克思对中国的四大发明曾给予极高的评价，认为四大发明中的火药、罗盘和印刷术是“预兆资本主义社会到来的三项伟大的发明”。那么，你可知道，中国的这些伟大发明是从什么地方传到欧洲的呢？

葡萄、香料及玻璃等物品，中国本来没有。那么，当我们今天享用这些物品的时候，你是否知道，它们及其种植或生产技艺，又是从什么途径传到中国的呢？

这条路，就是历史上著名的丝绸之路。

这条路的开拓者，就是我国西汉时期伟大的探险家、旅行家和外交家张骞。

讲故事

丝绸之路的开拓，开始是出于军事和外交目的，或者说，是军事和外交行动的结果。当时，西汉王朝日益强盛，出现了全国空前统一的局面，已经有力量考虑解决匈奴为患的问题了。

一次很偶然的机会，匈奴降卒透露说，匈奴的西边有个大月氏国，一向与匈奴为敌。后来匈奴人打败了大月氏国，还砍了大月氏王的脑袋，用头骨作盛酒的器具，而且大月氏人被匈奴逼得一再西迁，因此恨透了匈奴统治者。汉武帝得知这个消息后，决定派人出使西域与大月氏国取得联系，以便共同对付匈奴，彻底消除这个心腹之患。

然而出使西域，又谈何容易！去大月氏国的路线，绝大部分控制在匈奴手中，再加上交通艰险，匪盗猖獗，因此朝廷大员中，没有一个人敢揽下这个苦差事。汉武帝于是专门下了一道诏书，招募出使西域的人员。

报名截止日期到了，结果只有一个人应募，他就是当时担任皇宫侍从官的张骞。好在由于他的感召，后来陆陆续续来了一些勇士，其中还有一个名叫甘父的匈奴人。

公元前138年，张骞被任命为使臣，带着外交信物——旌节，以甘父为向导，率领100多名随从从长安动身，踏上了出使西域的征途。

他们穿过陇西郡，渡过黄河上游，便进入了祁连山匈奴人盘踞的地域。他们尽量走野郊僻地，有时干脆昼伏夜行，尽管如此，在一个阴云密布的夜晚，他们还是与匈奴的巡逻哨兵遇上了。

为了甩掉匈奴哨兵，张骞一行人纵马飞奔，不住气地一直跑到天亮。衣服全被汗水浸透，一个个口干舌燥，可是带的水却一滴也没有了。寻找水源时，又不幸落入匈奴骑兵的包围圈。张骞身先士卒，100多人与匈奴骑兵血战一场，终因寡不敌众，死的死，伤的伤，张骞、甘父和几十名随从被俘。有几个匈奴兵想要夺走张骞手中的旌节，张骞义正词严地喝道："我是汉朝使臣，旌节是我出使的凭证。谁也别想夺走！"敌人无法，只好把他押送到匈奴王军臣单于的驻地，而让张骞继续擎着旌节，走在队伍的最前面。

单于听说他们是去大月氏国的，不禁勃然大怒，一番毒打之后，把张骞等人分给匈奴贵族做奴隶，后来为了软化张骞，让他效忠匈奴，又把一个匈奴女子嫁给了他。而实际上，匈奴一刻也没有放松对张骞和其他汉朝随从的监视。

在匈奴的监视和奴役下，张骞度过了11年的漫长岁月。他有了儿女，还学会了匈奴语，但他从来没有忘记自己肩负的使命，他处处留意，对匈奴各方面的情况进行实地考察并且烂熟于心，同时寻找着逃离虎口，完成使命的机会。

公元前127年，张骞、甘父及30多名随从，终于逃出了匈奴的魔掌。他们马不停蹄，日夜兼程，连跑几十天，跨过自龙堆石海，然后沿天山南麓，经过楼兰、龟兹、疏勒国，到达大宛国境。大宛国王热情地款待了他们，并且派向导护送他们前往大月氏国。不久他们终于到达了梦寐以求的大月氏国。张骞及其同伴禁不住热泪盈眶，这里，就是他们11年前离开祖国所要出使的最后

▲张骞出使西域

目的地啊!

然而大月氏国现在远离匈奴,生活安定而富足,对匈奴的前仇已逐渐淡漠,无意与汉朝联合进击匈奴。于是张骞就利用这个机会,花了一年多时间,对大月氏国及其周围各国进行详尽的考察,还搜集了许多有关伊朗、伊拉克、埃及这些更遥远国家的种种资料和传说。在大夏国兰氏城繁华的市场上,张骞还看到了中国四川出产的竹杖和细布,并且了解到这些商品是大夏商人从身毒(印度)贩来的。这说明身毒离四川更近,因此从长安去身毒,完全可以经由四川前往,而不必绕道羌地,时刻担心匈奴的袭击了。

公元前127年,张骞、甘父一行人告别大月氏国,踏上了返回祖国的归途。可是非常不幸,就在他们翻越祁连山的时候,又被匈奴兵俘获了。

单于震怒了,下令给他们戴上脚镣手铐,强迫他们服苦役,苦煎苦熬又是一年多。

公元前126年,张骞乘匈奴贵族集团发生内乱的机会,再次逃离虎口,最后终于回到长安。13年前出发时100多人,这时只剩下他和甘父两个人了。

张骞向汉武帝详细报告了西域各国的情况,皇家史官则根据张骞的报告撰写了《西域传》,西域的一部分成为中国的新疆,就是从这时候开始的。

公元前119年,汉武帝为了联络西域的乌孙国抗击匈奴,又派张骞第二次出使西域。由于汉朝大将军卫青和骠骑将军霍去病在这一年对匈奴的决战中彻底摧毁了匈奴的主力部队,匈奴单于被赶到了大漠以北,所以张骞这一次出使西域比较顺利。虽然与乌孙国结成军事联盟的目的也没有实现,但却奠定了政治联盟的基础。张骞返回时,乌孙国还派使臣回谢汉朝。另外,汉朝使者还利用这次机会,与身毒、安息、大夏、大月氏、康居等国或初次或再次进行了交往,扩大了外交成果。

张骞两次出使西域,开辟了中西方经济文化交流的东半部通道,从此,丝绸之路使者"相望于道",出现了中国与西域之间物产大交流的黄金时期。

今天,从甘肃到新疆近2000公里的铁路线,大体上就是当年张骞出使西域所走过的路线,不过张骞所走过的路线要更长,也更艰苦。今天,我们再也不必担心遭到匈奴的袭击、拦截或监禁了。当我们坐在火车的卧铺车厢中,看着窗外飞沙走石,一定不难体会到张骞当年的"出国之苦",从而对他们坚定执着的爱国情怀和勇敢顽强的斗争精神肃然起敬!

动脑筋

张骞两次出使西域的使命，本来是与大月氏国与乌孙国结成共同对付匈奴的军事联盟，但两次都没有达到目的。可以说从这个意义来看，出使西域可以说是基本上失败了。既然如此，为什么还要如此高度地肯定张骞出使西域的伟大历史功绩呢？

卧虎强项

阅读提示

我国东汉时期有一个县令，皇帝赐他为“强项令”，老百姓尊称他为“卧虎令”，他就是执法严明，刚正不屈，敢杀豪强恶霸，敢犯皇亲国戚的董宣。

那么，为什么称他为“强项令”和“卧虎令”呢？请看下面这个故事吧！

讲故事

这个故事发生在董宣担任洛阳县令的时候。

在此之前，董宣在北海（今山东昌乐）做官期间，除暴安良，为民申冤，严惩草菅人命的恶霸地主公孙父子，深受百姓的拥护和爱戴。可北海不比洛阳，北海只是边远的一个小县，而洛阳则是东汉的都城。这里既有数不清的达官贵人，更有惹不得的皇亲国戚，他们有权有势，肆无忌惮，怎么会把一个小小的县令放在眼里呢？

有一次，竟然有人在大白天行凶杀了人。一了解，凶手是在朝皇帝光武帝刘秀的姐姐湖阳公主的管家唐丹。董宣得知此事，二话不说，立即下令将杀人犯逮捕法办。可是唐丹听到风声后，便躲在公主家里不出来。董宣这个小县令，又不能擅自进入公主的府邸抓人。案子就这样搁了下来。

但董宣并没有就此罢休。他一面明察暗访，一面等待时机。不久，终于等来了逮捕杀人犯的机会。

这一天，湖阳公主到玄武庙进香。董宣心想，管家一定会跟随前往。于是，当公主的车马前呼后拥来到夏明亭时，董宣突然从人群中走了出来，站在路中间，拦住了去路，公主的车马顿时停了下来。

湖阳公主大为生气，斥责道："何人大胆，竟敢拦我车马？"

董宣不慌不忙地答道："禀告公主，我是洛阳令董宣，在此捉拿杀人凶犯。"

公主说："你捉拿你的凶犯，为何拦我的车马？"

董宣一字一顿地答道："凶犯现在就藏在公主的车队里。你的管家无故杀人，该判死罪，请把他交出来吧！"

湖阳公主不知是蒙在鼓里，还是故意装糊涂，她怒气冲冲地大声斥责道："董宣！你身为洛阳令，可不能胡言乱语。我的管家怎么会杀人呢？你有证据吗？"

董宣理直气壮地答道："我当然有证据。你的管家杀人时，有很多人都看见了。公主倘若不信，我可以传证人当面对证。"

公主心想，当面对证，我岂不是更加尴尬？早就听说这个董宣得理不饶人，果不其然。这么一想，口气也就软了下来，说道："就算他杀了人，但是看在我的面子上，不能饶他这一次吗？"

董宣见公主竟然如此蔑视国法，光天化日之下包庇杀人凶手，非常生气。他拔出剑来，述说公主的不是："公主家法不严，管家才敢这样胡作非为；管家既然犯法，就应当依法治罪，而公主却公然庇护。"最后董宣质问公主说："公主的管家，难道就可以逍遥法外吗？"

几句话，说得公主哑口无言。这时，只见董宣一声令下，几个衙役很快找到那个管家，将他拉下车来。等公主反应过来时，管家已经被依法处死了。

恼羞成怒的湖阳公主无心再去玄武庙了，立即调转车马回到宫中，在光武帝面前啼啼哭哭，说董宣怎样怎样欺侮她。皇帝一听，也火了，这董宣怎么这样放肆，连公主也敢冲撞。当即下令召董宣进宫，要将他乱棒打死。

董宣进宫后，毫无惧色，从容说道："不必动手，臣下自己会死的，只是希望皇上容臣说几句话。"

刘秀怒容满面，气还是不打一处来，喝道："你快讲吧！"

董宣十分坦然地说道："陛下英明，是大汉中兴的圣主。如今公主的管家杀了人，陛下却纵容公主包庇凶手。皇上制定了法律，自己又来破坏，这样怎么能够治理国家安定天下呢？我忠心为国，岂能因此而受刑，只好以死了之。"说着就向旁边的柱子一头撞去，顿时头破血流。

刘秀见状，忙令太监将董宣拉住，同时自己也慢慢冷静下来。仔细一想，觉得董宣的话的确有道理，但又不能不顾全湖阳公主的面子。想来想去，最后决定，要董宣给公主磕个头了事。

可是董宣却站在那里，一动也不动。刘秀便吩咐太监把董宣拉到湖阳公主面前，按着脑袋，叫董宣磕头。

这时董宣干脆一屁股坐在地上，两手撑着地，挺着腰杆，直着脖颈，硬是不让把头按下去。那个样子，真如一只卧虎。太监半天也按不动，只得大声说："回陛下，董宣脖子太硬，按不下去。"

刘秀无奈，只好笑了笑说："把这个硬脖子给我撵出去吧！"

董宣走后，湖阳公主十分感叹地对刘秀说："当年你仅仅是个平民的时候，还庇护过犯死罪的人，官差都不敢上门。如今当了皇帝，反倒制服不了一个小小的洛阳令！"

刘秀解释说："做皇帝与当平民不一样了，董宣这样做也是为了维护国家的法令呀！"

过后，刘秀不但没有给董宣治罪，反而还赏了他一顿酒饭。董宣把饭菜吃得干干净净，然后把碗碟杯盘底朝上扣在桌上。管事的人认为董宣这样做是侮辱皇上，把他扭送到皇上面前。董宣不慌不忙地说："陛下叫我办的事，我一定不遗余力；陛下赐我的酒饭，我也一点儿不能剩下。这就是我把饭菜吃光，碗碟杯盘底朝上扣在桌上的缘故。"

刘秀听了，十分高兴地点了点头，说："这样很好！你们大家都要像洛阳令董宣这样秉公办事，尽忠职守。"同时下令，赐董宣为"强项令"，并赏钱30万。这些赏钱，董宣后来都分给他手下的人了。

由于董宣依法办事，敢于斗争，豪强权贵们莫不震惊害怕。京城的人称董宣为"卧虎"，并写了一首歌赞扬他："京城出了个董少平（"少平"是董宣的字），捕贼鼓声不再鸣。"

这就是"强项令"的来历。至于"卧虎令"，显然是因为董宣不肯向湖阳公主磕头，坐在地上，两手撑地，挺着腰杆，直着脖颈，活像一只威风凛凛的卧虎。

动脑筋

刘秀开始要将董宣乱棒打死，后来只要他向公主磕头赔罪，最后不但放了他，还赏钱赐酒饭，嘉奖他为“强项令”，这是什么原因呢？

以杀止杀

阅读提示

《商君书·画策》中说："以战去战，虽战可也。以杀去杀，虽杀可也。以刑去刑，虽重刑可也。"意思是说：用战争的手段制止战争，这样的战争是可以的。用杀人的办法制止杀人，这样的杀人是可以的。用施刑制止犯罪，施刑重一些也是可以的。概而言之，就是用对方使用的手段还击对方。

本篇故事中的主人公段秀实可谓深谙此道。假若他也像白孝德那样，面对横行歹徒明哲保身，不敢说话，更不敢采取行动，那么歹徒势必会更加肆无忌惮，最后甚至连自己的身家性命也不能得到保障。从这个意义上说，这个故事所揭示的"以杀止杀"的道理在今天也是颇可借鉴的。

讲故事

这个故事发生在唐代，段秀实做了泾州刺史以后。当时，在平定安史之乱中功劳卓著的大将军郭子仪被封为副元帅，居于黄河以东的蒲地，郭子仪的儿子郭晞以检校尚书的身份担任行营节度使，驻军在黄河西岸的邠州。

郭晞平时对部下约束不严，因而军纪松弛。当地一些无恶不作的歹徒为寻找靠山，采取贿赂手段，纷纷混进了郭晞的部队。他们有恃无恐，大白天成帮结伙在街上横行霸道，为所欲为，稍不如意便出手伤人。有一次无缘无故将一个孕妇撞倒在地，引起流产致死，竟扬长而去。周围的人都敢怒而不敢言。邠宁地方节度使白孝德，因为这些歹徒是郭晞手下的人，而郭晞又是副元帅郭子仪的儿子，也不敢多说什么。

段秀实听说这些事情之后，非常气愤。他来到邠州府，对白孝德说："皇上将百姓交给您治理，现在您眼见他们受强暴、遭欺侮却像没事一样。这样下去要出大乱子的。您打算怎么办呢？"

白孝德其实也想管，只是苦于没有办法，便问段秀实有什么办法没有。段秀实说："我如今在泾州也没有多少事情。如果您真想解决问题，就让我担任您手下的都虞侯一职。我一定为您消除这些混乱，使百姓不再无辜受害。"

白孝德听了十分高兴，马上同意了段秀实的请求，当即行文下令，任命段秀实代理都虞侯的职务，专门负责督察军纪。

这以后有一个月时间，平安无事。然而好景不长，这一天又出乱子了。郭晞手下的17名士兵到集市上"买"酒，卖酒的老头向他们讨酒钱，他们不但不给，反而用剑把老头杀死了，酿酒的器具被砸得一片狼藉，所有的酒都流到水沟里去了。段秀实接到报告后，马上出动州府的官兵把那17个歹徒全部抓了起来，随之立即斩首，然后将一个个首级挂在一杆杆长矛之上，一字排开，竖立在集市大门之外。

消息马上传到郭晞的军营，军营里官兵顿时就像炸了锅，只见一个个披甲戴盔，怒气冲天，恨不得马上就将段秀实大卸八块，剁成肉酱。消息又传回州府这边，白孝德害怕得不得了，马上把段秀实找来，问怎么办。段秀实坦然自若，十分镇定地说："不要紧的，请让我去跟他们解释一下。"

白孝德见段秀实主意已定，也不好再劝阻，便派了几十个军士随行护送。可是段秀实全部辞掉了，还解下了身上的佩刀，又专门挑选了一个腿脚不太方便的老马夫牵着马，径直来到郭晞的军营门口。

军营里披甲戴盔的人呼啦啦全都拥出营门，一个个手执刀剑，对段秀实怒目而视。段秀实一边向军营里走，一边笑着说："杀我这样一个老兵，还用得着满身披挂吗？现在，我带着我的脑袋来了。"

这时，倒是那些满身披挂的士兵们，个个目瞪口呆，仿佛傻了一样。

乘这个机会，段秀实庄重而又平静地开导这些士兵说："郭尚书有什么地方对不起你们，还是郭副元帅有什么地方对不起你们？你们为什么这样胡来败坏他们的名声呢？"

那些士兵哪里考虑过这些问题，当然回答不了。段秀实接着说道："这样吧，请禀告郭尚书，我有话要跟他讲。"

一会儿，郭晞迎了出来。段秀实见了，责备他说：“副元帅辅佐朝廷，功盖天地。你是想给谁造孽呢？我看这个罪孽也会祸及副元帅的吧！你想想，如今邠州无恶不作的歹徒通过贿赂手段都混进了你的队伍，他们四处杀人，有恃无恐，这样发展下去，大乱子还会远吗！万一出了大乱子，别人会怎么说呢？肯定要说你仗着副元帅的权势在包庇纵容他们。这样一来，你们郭家的功劳、名望，还能剩下多少呢？”

郭晞听了，觉得句句在理，又见段秀实只身赴营，手无寸铁，更是心悦诚服。不等段秀实说完，他就连声拜谢说：“承蒙如此开导，我真是三生有幸啊！我一定遵照你的意见，把队伍治理好。”他回过头来，又对那些全身披挂而此时呆若木鸡的士兵叱责道：“马上解散，脱下披挂。敢再喧哗者，立即处死！”

这时，段秀实才感到有些饿了，说道：“我可是一整天还没吃饭哩，给我拿点吃的来吧！”

吃完饭后，段秀实又说：“我的老毛病又发作了，不便回去，今天就睡在这里吧！”他吩咐那个马夫回去，第二天再来接他，然后就在军营中睡下了。

郭晞十分惊骇。他实在放心不下，于是和衣而卧，还叮嘱卫兵千万小心，一定要整夜敲梆，全力护卫，于是一夜无事。

第二天，郭晞与段秀实一起来到州府衙门。见了白孝德，郭晞表达了歉意，并表示一定要把部队管好。从此以后，邠州的社会治安终于好起来了。

动脑筋

“以杀止杀”的道理，无疑是十分正确的，但是懂得这个道理是一回事，敢不敢按这个道理去做则是另一回事。请结合以上故事，说明段秀实制服歹徒，除了他懂得“以杀止杀”的道理外，还因为他具备了一种什么样的品德。

民不畏死

阅读提示

中国古代哲学家老子说过一句很有名的话——“民不畏死，奈何以死惧之。”的确是这样的。一个人如果并不怕死，那么用死当然吓不倒他；一个人如果连死都不畏惧了，那么还有什么能够让他畏惧的呢？

不怕死，可以说是勇敢精神的最高境界。中国历史上达到这种境界的志士仁人又何其多啊！本篇选取了明代的三个事例，它们不但都是不怕死的生动例证，而且都有一个相同的情节特征，因而都使不怕死的精神平添了一种悲壮的色彩和撼动人心的巨大力量。

讲故事

这三个事例的主人公都生活在明代，一个是海瑞，一个是刘玺，一个是唐侃。

公元1564年，海瑞被任命为户部主事。当时，世宗皇帝深居西苑，整天求神拜佛，以求长生不老，把国事抛在一边完全不管了。一班阿谀奉承之徒和道士、术士之流投皇上所好，因而封官晋爵，赏赐有加；而忠耿直言的臣子上书诤谏，轻则贬官远徙，重则下狱致死。例如担任太仆卿的杨最，在皇帝下谕“朕少假一二年”（即他自己不管事了）而让太子代理国政后，上疏劝谏，引起皇上“大怒”，结果被关进天牢，施以严酷的杖刑，不等杖刑完毕就活活给打死了。又如御史杨爵，也是因为上书劝谏，痛切刚直，使皇上“震怒”，关进天牢后，打得好几次都到了死亡的边缘，只是由于命大，才侥幸活了下来。因此，朝廷的一班大臣，谁都不敢再讲直话了。

面对国家每况愈下的痛心局面，以海瑞刚直忠耿的性格，他是不可能明哲保身、沉默不言的。公元1566年，海瑞终于冒死上疏了。

海瑞这次上疏的条陈较长，这里仅引几节：

"陛下……一意修真(修炼长生不死)，竭民脂膏，滥兴土木，二十余年不视朝，法纪驰矣。"

"吏贪官横，民不聊生，水旱无时，盗贼滋炽(水灾、旱灾接连不断，盗贼越来越多，越来越猖獗)，陛下试思今日天下，为何如乎？"

"陛下之误多矣，其大端在于斋醮。"(皇上犯的错误太多了，其中最大的错就是求神拜佛，修炼长生不死。)

在这份上疏中，海瑞列举了皇上的许多过失后，还直言道，"臣不胜愤恨"，并且希望皇上"幡然悔悟"。

仅仅从这几处就不难想象，海瑞的上疏是何等的痛快淋漓而又率直大胆。(后人所说的海瑞骂皇帝就是指的这次上疏。)向皇帝上这样的疏，在封建社会里是很难不遭到厄运的，何况海瑞当时面对的又是那样一个昏聩的暴君。

果不其然，世宗皇帝得疏以后"大怒"，当时气得把疏本摔到地上，对左右的人说："快快把海瑞给我抓起来，不要让他跑掉了。"一个叫黄锦的宦官说道："这个人一向有些痴，听说他准备上疏时，自己知道犯了忤逆大罪必死无疑，就预先买好了棺材，与妻子作了诀别，书童、仆役也都打发走了，一个都没有留下，现在正等着朝廷定罪发落，看来他是不会逃跑的。"

听了这一番话，皇上顿时不做声了。一会儿又拿起疏本来读，一天之中竟反复读了三遍。平心而论，皇上也不能不为海瑞的精神所感动、所叹息了。然而他又要维护他皇帝的"尊严"，他想，如果海瑞可以比作忠心耿耿的比干，那么我岂不成了暴虐无道的商纣王吗？他还担心自己真的上朝理事了，岂不是天天要受海瑞的诟骂与诋毁吗？结果，这个小心眼的皇上终究还是下令将海瑞关进了天牢。仅仅因为两个月后皇上自己一命呜呼了，海瑞这才幸免于死。

再说刘玺。

这个刘玺，由于居官清廉，生活俭朴，因此人称"穷鬼"和"刘青菜"。曾任总兵官镇守淮安，并负责漕运(即水路运输)。

当时皇帝身边有一个近臣叫郭勋，十分得宠，因而狗仗人势，为所欲为。他经常凭借权势，将他在南方购买的货物，交由漕运送到北京，从中牟取暴利。漕运本是国家办的，结果郭勋个人赚饱了，国家花费了人力、物力、财力，却没得到什么好处，因而漕运越办越糟。

刘玺开始接手漕运时，深知这其中的名堂，对郭勋的所作所为十分反感，郭勋再来揩漕运的油水，他毫不客气，坚决不答应，因此与郭勋的关系闹得相当紧张。有一段时间，刘玺大病一场，漕运的事暂由他人代理，结果郭勋乘虚而入，足足地捞了一把，漕运几乎难以为继了，皇上只好还是把刘玺再请了出来。

由于混乱了一段时间，因此刘玺重新接手时，便发现漕运状况更加糟糕了，郭勋手下的那一班人有恃无恐，变本加厉。以前让官家的船载运他们的私货，表面上还要打个招呼，而现在连招呼也不打了，完全是强迫装运，漕运的官兵只有忍气吞声。

刘玺于是买了一口棺材放在船上，亲自坐镇。当日郭勋手下的那一班凶神恶煞又找上门来，刘玺便右手拿着一把刀子，左手招呼他们说："你们这班家伙要是真的不要命了。敢来侵犯我漕运的官船，我今天就先宰了你们，再杀死我自己，睡进这个棺材，也好说明是你们侵犯了官家的漕运。你们要是不想死，就趁早住手，滚蛋。我今天决心已下，绝对不会装运你们的货物而再让官家吃亏的！"

那班家伙张牙舞爪、气势汹汹而来，结果见刘玺如此拼命的样子，而且连棺材都准备好了，就一个个夹着尾巴都溜走了。郭勋听说之后，也无可奈何。

最后来说唐侃。

唐侃在山东武定州做知府时，不但颇有政绩，而且为官廉洁。他虽然是一州的知府，却将妻子儿女安置在江苏丹徒的老家，只身一人在任，平常吃的是菜汤豆饭，睡觉垫的是茅草，生活十分清贫。

当时，章圣皇太后在北京去世，要把灵柩运到承天府（嘉靖皇帝的生父兴献王的封地，今湖北钟祥）去，正好经过山东德州一带。从京城到承天府，连绵几千里，这一路上的花费，当然由沿途州府负责筹措，各州各府再逐级往下摊派。而朝廷奉命随行经办此事的人又利用这个机会大肆搜刮，中饱私囊，因此各地官员尤其是老百姓苦不堪言，怨声载道。

当摊派的款项指标下到武定州的时候，唐侃一合计，根本用不着那么多，于是非常气愤地说:“只给一半就完全够了啊!”他决心据实完成上交摊派,而无理的勒索,半文不给。为此,特地吩咐在州府旁边的屋子里放好了一口棺材。

再说朝廷官员每到一处,对地方官声色俱厉,如狼似虎,动辄鞭抽棍打,还声言:“完不成摊派任务的,一律处死。”许多人实在凑不够数字,便纷纷逃走了,唯独唐侃一个人留了下来。

朝廷官员终于来到了武定州。唐侃按照自己核实的数字上交了摊派,朝廷官员不肯罢休,依旧强要恶索,唐侃则据理力争,双方相持不下,气氛十分紧张。最后唐侃说道:“好吧,你们还要钱,我就带你们去拿钱的地方吧。”于是他把一班朝廷官员及其打手带到州府旁的屋子里,指着那一口棺材说:“我已经把后事都办好了。要命一条,要钱是再也没有的了!”

那一班家伙哪里会想到唐侃有这样一手,一个个惊愕得说不出话来,大眼瞪小眼,你看着我,我看着你,终究没能把唐侃怎么样,只有收下唐侃所交的那些摊派,灰溜溜地走了。

献王的灵柩归葬承天府以后,那些临事逃跑的地方官员都被查办撤了职,德州一带只有唐侃一个人得到了朝廷的表彰。

动脑筋

海瑞面对的是皇帝,刘玺面对的是有权有势的宠臣,唐侃面对的是奉圣旨行事的朝廷大员,为什么这些人最后都没有能够把他们怎么样?其中海瑞的情况更特殊一些,以其上疏的言词而论,皇上是完全可以判他死罪的,为什么皇上却没有马上杀他呢?

大逆不道

阅读提示

“大逆不道”这句成语，一般指犯上谋反，罪大恶极。但是在人类历史的发展过程中，尤其是在新旧交替的转折阶段，对旧制度、旧思想、旧观念、旧行为，则不能不“犯”，不能不“反”；不如此，社会就不能前进，人类就不能进步。从这个意义上说，每个历史时期的革命者，都是他所生活的那个旧时代的“大逆不道”的“叛徒”。这样的“大逆不道”实在是人类社会的万幸和骄傲。

本篇故事的主人公李贽，就是一个“大逆不道”的典型。作为中国封建社会后期的思想家，虽然他终究无法摆脱其思想明显的局限性，但他的确不愧为封建礼教不共戴天的异端和反道学的一位最勇敢的战士，他勇敢批判旧思想、不向恶势力低头的斗争精神，仍是值得学习和发扬光大的。

讲故事

李贽反封建、反道学的事例是举不胜举的。

比如封建统治阶级出于维护其统治的需要，把孔子捧为圣人，把孔子的话说成是绝对真理。李贽则尖锐指出：“如果什么事情都以孔子作标准来判定是非，那就根本不可能有真正的是非了。”而且非常巧妙地反驳说：“如果只有效法孔子才足以为人，那么没有孔子以前，难道就不能够为人了吗？”他认为那些口口声声尊孔的人其实并不知道孔子有什么可以尊敬的。他把这种人比喻为矮子观看表演，别人叫好他也跟着叫好，其实他什么也没有看到，只不过附和别人罢了；又称别的狗是看到人才叫，而他们这些狗则是听到别的狗叫就跟着乱叫。李贽的这些说法，不但是对孔子大圣大贤权威地位的彻底否定，而且也是对尊崇孔子的封建社会和封建阶级的无情嘲讽。仅从这一点看，他的思想不能容于那个社会，就完全可以理解了；把这样的思想直言不讳地表露出来，又该需要多么大的勇气啊！

又比如在妇女问题上，李贽提倡男女平等，婚姻自由，表达了十分卓越的见解。他认为："说人有男女的区别是可以的，但说见识有男女的分别难道可以吗？说见识有多有少是可以的，但说男人的见识都多，女人的见识都少难道是可以的吗？"李贽还主张寡妇可以再嫁。卓文君和司马相如的恋爱，不为封建社会所容，鄙之为"私奔""淫奔"，李贽评论说："相如，卓氏之梁鸿也。使当其时，卓氏如孟光，必请于王孙，吾知王孙必不从也。……徒失佳偶，空负良缘，不如早自抉择，忍小耻而就大计。……归凤求凰，安可诬也！"这里，是将古代的梁鸿和孟光拿来作对比。梁鸿和孟光，是封建社会"模范"夫妻的楷模，而孟光，则是恪守妇道的样板，吃饭的时候她不但把饭送到梁鸿面前，而且还把端饭的托盘举得跟自己的眉毛一样高。李贽的评论是说，司马相如，就是卓文君的梁鸿，如果当时卓文君像孟光一样，那她一定要请求她父亲卓王孙的同意，而卓王孙则是一定不会同意的。这样一来，白白失去一个美好的配偶，辜负一次难得的缘分，还不如自己及早抉择，忍受世人白眼的小耻而成就一辈子的婚姻幸福。男婚女嫁，怎么可以横加毁谤呢？李贽说这些话的时候，三从四德的紧箍咒还牢牢地套在广大妇女的头上，"饿死事小，失节事大"的戒律还统治着人民的头脑，在这些大胆的议论中，包含着李贽对女性多么真挚的同情和理解，而且又是多么的难能可贵啊！

其实不必更多地举例了。仅从以上事例，就可以想象得到，当时的封建统治阶级和道学先生们是绝对不会放过李贽的。对于这一点，李贽自己十分清楚。他说："那些读书做官吃皇上俸禄的人，想法大概都是相同的，如果对我的意见进行追究，那么他们不认为我应该被杀头，也要给我戴上'狂妄'的帽子。"事实也正是如此。

公元1580年，李贽实在无法再忍受官场的生活，不等任期届满，便辞官而去。由于他为官清廉，政绩不错，临走时，"囊中仅图书数卷，士民遮道相送，车马不能前进。"

李贽自知“平生不爱属人管”，因此辞官之后，不回原籍而寄居外地，认为这样，不“属本府本县公祖父母管”，就可以摆脱封建桎梏的束缚。显然这只能是幻想。因为关键在于，他既然不肯放弃那些“大逆不道”的思想，那么封建社会的那些道学先生们是绝对不会让他逍遥法外的。

李贽辞官以后，就应好友耿定理之邀，来到湖北黄安，决心专心著述。但不久，耿定理去世，他就无法再待下去了，因为耿定理的哥哥耿定向，就是一个货真价实的假道学先生。

耿定向做过都察院左副都御史和刑部侍郎，一向口是心非，欺名盗世。他的一个朋友何心隐被统治者迫害而死，武昌数万人为之喊冤。他本是有力量营救的，但为了保住自己的乌纱帽，竟不肯出面说一句公道话，还把自己比作“不避恶名以救同类之急”的东郭先生。

对于耿定向这样的假道学，李贽向来是疾恶如仇的，平常都“令其远坐，嫌其臭味”，想不到这耿定向竟如此不知廉耻和厚脸皮。李贽毫不客气地挖苦道：“东郭先生不避恶名而解救同类的危急，你能够做到吗？对于你的为人，我可是太了解了，你就不要再说谎话了吧。”因此耿定向恨死了李贽。

后来李贽搬到离湖北麻城30里的龙湖芝佛院，耿定向也没有放过他。李贽出版了他的《焚书》，耿定向就鼓动徒弟写《焚书辨》进行中伤。李贽写文章为女性主持公道，耿定向就散布谣言，诬蔑李贽“引诱良家女子”，“左道惑众”（意思是用旁门邪道蛊惑人们）。李贽到武昌黄鹤楼游览，耿定向就雇用流氓将他赶走。最后还勾结权势，扬言要将李贽驱逐出境。李贽也毫不示弱，他说：“我若告饶，便不成李卓吾（“卓吾”是李贽的字）矣！……故我可杀不可去，我头可断而我身不可辱。”

反动势力是不会善罢甘休的。公元1600年，他们在地方官吏的支持下，以李贽曾经落发出家为由，打着“逐游僧，毁谣寺”和“维持风化”的旗号拆毁了芝佛院，烧毁了李贽准备安放自己遗体的塔。来势异常凶猛，李贽由于事先被人接走，才幸免于难。

这时李贽已是74岁的老人了。他不得不再次经受颠簸之苦，千里迢迢，前往河北通州依附好友马经纶。然而对他的迫害也随之而来。

京城官僚为了置李贽于死地，竟无中生有构词诬陷，上疏劾奏李贽，说他刊刻《焚书》《藏书》、蛊惑人心，随意褒贬古人；在麻城勾引士人妻女，挟妓女白昼同俗，败坏世风。若不赶快处治，李贽势必要把北京变成第二个麻城。

皇上看到奏疏，也不问青红皂白，立即下令逮捕李贽，将其著作也付之一炬。这位风烛残年的老人，是躺在门板上被抬进监狱，又躺在台阶上接受审问的，因为这时李贽已经一病不起，粒米不进了。尽管如此，他仍然没有屈服，决心以死作为最后的反抗。

公元1602年3月15日，李贽用剃刀自刎，第二天气绝身亡，时年76岁。这位"受尽磨难，一生坎坷"而矢志不渝，战斗了一生的反道学战士，最后又用鲜血写下了对封建专制主义的控诉状！

动脑筋

本文只列举了李贽反封建、反道学的很少几个方面和事例。在这有限的几个方面和事例中，你最欣赏的是什么？为什么？

临机制变

阅读提示

当你独自一人在家时，两名手持匕首的强盗突然出现在你的面前，逼迫你交出钱财，这时你该怎么办？是乖乖地递上钱财，以求保全生命(而且未必能够保全)？是鲁莽地与之搏斗，甚至不惜丢掉生命？还是……

本篇故事的主人公就曾面临这样险恶的处境，但他不仅没有破费一分一文，更没有丢掉性命，而且最终将强盗当场抓获。

那么，他究竟是怎样制服强盗的呢？

讲故事

这是发生在明朝的一个故事。

这一天，两个名叫任敬、高章的江洋大盗流窜到了滑县，装成锦衣使到县衙门行骗。在明代，锦衣使是锦衣卫的长官，而锦衣卫又是护卫皇宫的亲军。所以两个强盗来到县衙门，煞是神气，他们大摇大摆一直走到后堂台阶之上，然后就面朝北站着。当时滑县县令张佳胤正独自一人在堂上判案，见此情景十分奇怪。不过他也没有怎么理会，而是仍旧判他的案子。

这时只听任敬厉声叫道："现在是怎么啦，一个小小的县令看见朝廷来的使节，就可以这样倨傲不恭吗？"

张县令心里不禁一动，马上离开座席迎了上去。任敬则装模作样地说："我们有圣旨在身，不便作揖了。"

听说是圣旨到了，张县令赶紧吩咐设立香案准备接旨，同时问道："圣旨是要逮捕我吗？"

任敬凑上前来，附在张县令身边说："并不是要抓先生，只是要抄没耿主事的家罢了。"

这耿主事确有其人，名叫耿随朝，曾当过户曹，因为草料场失火而获罪入狱。不过事情已经了结，怎么现在又要没收他的家产呢？张县令越想越觉得蹊跷，便将这两个人请进后堂。

一到后堂，两名强盗立即撕下伪装，任敬抓着张县令的左手，高章顶着张县令的后背，一起坐在炕上。任敬捋着胡须狞笑道："先生不认识我吗？我们是从坝上下来的，听说县衙内有一万多金币，我们想借来用用。"一边说，一边与高章同时掏出匕首，搁在张县令的脖颈上。

张县令却丝毫不为所动，而且还慢条斯理地说："我知道，你们并非找我报什么私仇，我再愚蠢，也不会因为这几个钱财就白白丢了性命。不过你们就是不带匕首，我一介书生又能把你们怎么样呢？再说，你们既然自称朝廷的使节，何必又要暴露自己呢？若是让人看见了，对你们没有好处啊！"

两个强盗觉得张县令的话挺有道理，便将匕首又藏回袖筒之内。

接着，张县令又故意问："我们滑县是个小地方，应该拿多少金币呢？"

任敬掏出一册札记，一样一样地报着数字。张县令也不争辩，只是翻来覆去地求情，希望别要得太多，免得自己这个县令为难。最后强盗说："好吧，我们一伙共五个人，就拿五千金币好了。"

"这样就太好了。"张县令装成很感激的样子，随即又说："不过，你们两个人的口袋能够装得下吗？又有什么办法能够从这官衙门走出去呢？"

强盗说："先生的担心的确有道理。那就为我们准备一架大车装运金币好了。先生您也受点委屈，把枷套上，权作我们奉诏逮捕的犯人。一会儿出去时，不得有人跟随；一旦发现，就先把你杀死。最后，等我们骑上马走远了，再放了你。"

张县令沉思片刻，又假装建议道："你们逮捕我并且在大白天赶路，县里人一定会找你们的麻烦。出了麻烦杀了我又有什么用呢？我看还是夜里动身较为方便。"

两个强盗你看看我，我看看你，又连连点头称是。这时县令又说："府库的金币，很容易辨识，拿这些金币，你们太不安全了。敝县有钱大户不少，我想还是向他们借钱为好；这样既不连累我这个县令，你们也可以安枕无忧了。"

两个强盗听了，觉得这个建议更好。马上便传张县令的话，把一个叫刘相的小吏找了来。

这刘相是个极有心计的人，把他找来，是县令的刻意安排。但是当着两个强盗的面，县令当然不便直说，只有故意撒谎道："我真是不幸，遭到这样意外的事，现在若是抓了去，恐怕就活不了几天了！如今锦衣卫的人有办法让我躲过这场灾难，我真不知怎样感谢才好。想来想去，准备拿五千金币送给他们。"

刘相一下子还没理会过来，听说这么大一笔款，不禁吐了一下舌头，说："这如何才能办到呢？"

张县令暗地踩了踩刘相的脚，又说："我平常见本县大户人家，一个个既有钱又讲义气，你就按我说的去借这笔钱吧。"随即让人取来笔墨纸砚，分别写上某某最富户多少金币，某某中等富户多少金币，一共列了九个人名，正好凑足五千金币的数目。而实际上，这九个人并非什么大户，而是专门对付强盗的能人。

最后张县令对刘相一语双关地说："朝廷大员在此，九个人来送钱时，要穿得越华贵、越体面越好，千万不要因为借了他们的钱就现出一副穷酸模样！"

至此，刘相心里已经完全明白了。县令一交待完，他便马上走了出去。

刘相走后，张县令又吩咐摆上酒菜招待两个强盗。两个强盗开始不敢动筷子，疑心酒菜里下了毒。张县令便先喝先吃，打消了强盗的疑虑。等到两个强盗狼吞虎咽起来，县令又假装劝他们不要喝多了误事。这样一来，两个强盗对张县令更加深信不疑。

酒喝到一半的时候，那九个人就陆续来到门外，一个个衣着华丽，一副财大气粗的模样，手里都捧着用纸裹好的金币，其实纸里包的根本不是什么金币，而是铁制的锐器。见了强盗后，他们还假装叫苦说："金币已经筹措好了，只是我们家底太薄，尚未凑足数目。"而且都是满脸悲哀，反复诉求。

两个强盗听说金币已经送来，又看见这几个人的样子都很是气派，也就没有怀疑。

这时张县令又说，各家送来的金币，还是称量一下为好，于是让人取来了天平，又搬来了库中的长几，横放在后堂之中。县令与任敬分立长几两边，高章则紧紧贴在张县令身旁。张县令心想，无论如何要把他甩开，便拿起砝码对高章说："你不想亲自检视一下轻重吗？"

高章这才稍稍往长几靠近了一些。紧跟着被召来的九个人捧着所裹的铁器一齐向前。张县令乘机脱身闪开，一边高喊："擒贼！"任敬见势不妙，立即扑向县令但却扑了个空，随即用匕首自杀了。

众人一齐动手，生擒了高章。经拷问，得知王保等另外三个强盗的名字和住处，官府立即出动，最后终于将他们全部捉拿归案。

动脑筋

所谓"临机制变"，指临到时机，制定应变计划。在这个故事中，张佳胤是怎样临机制变，最后制服强盗的呢？

老当益壮

阅读提示

在中国近代历史上，曾经有过一次帝国主义不胜而胜，而中国却不败而败的奇耻大辱——1885年，中国军队在镇南关大捷和谅山大捷中重创了法国军队，而且完全可以一举赶走法国侵略者，然而腐败透顶的清政府却与法国签订了战胜国屈膝丧权的《中法停战条件》，不但正式承认越南为法国的"保护国"，而且允诺法国在中国西南享有种种特权。

在回顾这一页惨痛历史的时候，每一个正直的中国人都不能不扼腕痛惜，义愤填膺，而同时，那两次灭帝国主义威风，长中国人民志气的大捷又使每一个炎黄子孙感到欣慰和自豪，这两次大捷的指挥者，就是当时已经年近70却老当益壮的爱国名将冯子材。

讲故事

公元1883年，中法战争爆发，法国侵略者从海陆两路向中国发动了猖狂的进攻：海上，他们进犯台湾，侵犯镇海；陆上，则以重兵进逼中越边境，大举侵犯我国。

由于清政府妥协退让，镇守中越边境的前线统帅潘鼎新不战而逃，放弃谅山重镇，致使法军长驱直入，镇南关失于敌手。法国侵略者十分嚣张地在关前竖起一块木牌，用中文写道："广西门户已不复存在。"前线的中国人民十分愤慨，也竖起一块木牌，针锋相对地写道："我们将用法国人的头颅，重建我们的门户！”朝内左宗棠、张之洞等一批官员也力主对侵略者进行坚决抵抗。

然而千军易得，主将难求。派谁领军出征呢？人们想到了能征善战但告老还乡的冯子材。张之洞则一连数次上书，要求起用这员老将。冯子材就是在这样的危急情况下，不顾体弱年高，毅然来到抗法前线的。

冯子材重上沙场，雄威不减当年。经过周密考虑，他立即开始整顿溃军，部署兵力，观察地形，修筑工事，积极进行反攻的准备。

法国侵略者慑于冯子材和中国军民的声威，炸毁了镇南关，撤兵至30里外的文渊城，伺机反扑。为了防止法军的袭击，冯子材则选择镇南关内8里处形势险要的关前隘作为阻止法军进攻的据点。关前隘一带，两侧是高山峻岭，易守难攻。冯子材率军在两旁的山岭上赶修了数座炮台。又在隘口两岭之间抢筑了一条高7尺、厚1丈的3里半的长墙，将主力驻扎在长墙内。

法军见冯子材防备严密，不敢从正面贸然进犯，于是就从侧翼偷袭。冯子材得到密报，命令大部队在隘口狙击敌人，同时派出一部分兵力，乘虚袭击法军的据点扣波。3月13日，从侧翼来犯的法军，遭到中国军队的迎头痛击，仓皇逃至扣波，又遭到中国伏兵的突然袭击，残余法军只得放弃扣波，龟缩到文渊城内。

法军偷袭受挫，又早早放出风声，扬言要在3月24日向镇南关大举进攻。可是23日清晨，狡猾的法军提前一天就行动了。在司令官尼格里的率领下，法军兵分三路：两路进攻东岭炮台，一路直扑关前隘口长墙。法军以新式开花大炮为掩护，来势异常凶猛。很快，东岭仓促赶修的5座炮台中有3座失陷。法军控制东岭后，居高临下，重炮轰击关前隘口长墙，漫山遍野的法军也乘势向长墙猛扑。

形势万分危急。这时冯子材高声喊道：“若再让法寇入关，我等有何面目见广西父老！”在主帅的激励下，士兵们奋不顾身地冲出长墙，拼命杀敌，终于阻止住法军的疯狂进攻。这一天的恶战一直持续到深夜。

当天晚上，督办广西军务的苏元春等人产生了畏敌情绪，他们唆使冯子材的表兄黄元高去见冯子材，说什么枪弹不足，请求放弃关前隘阵地后撤。冯子材拔出指挥刀，怒喝道：“你知道这里是军法重地吗？”吓得黄元高慌忙退出。随后苏元春又亲自向冯子材请求后撤，冯子材严词拒绝，慷慨激昂地说：“要退你们退。我老了，誓与此墙共存亡！”

第二天清晨，法军发动了更大规模的进攻，兵力增加到七八千人，大炮数以千计。霎时间，关前隘口炮声震天，山谷轰鸣。法军主力在强大炮火的掩护下，潮水般地向长墙涌来，有的已扑到墙下，有的已爬上了长墙，眼看长墙阵地就要被攻破。在这千钧一发之际，只见冯子材手持长矛，大喊着冲出墙外，杀入敌阵，他的两个儿子相荣、相华紧跟其后，也跃出长墙拼杀。清军将士见年近70的主帅亲自冲锋陷阵，大为感动。呼啦一下拉开栅门，大家一齐涌出，以排山倒海之势冲入敌群，与法军展开了殊死的肉搏战。经过几个小时的激战，终于把敌人压下了山谷。

这时，冯子材派往东岭的部队，浴血奋战，终于夺回了被法军占领的炮台，西岭的敌人也被赶走，中国军队完全掌握了战场的主动权。不久，各路援军纷纷汇聚，1600多名越南义勇军和上万名当地百姓也参加了战斗。法国侵略军欲退无路，欲进不得，陷入重重包围之中。

3月25日，冯子材发出总攻击的命令，中越军民从各个山头、各个战壕潮水般涌出，向被围困在山谷里的敌人猛冲过去。法国侵略者惊恐万状，溃不成军，丢下1000多具尸体和无数枪炮弹药狼狈逃窜，冯子材率领的中国军队大获全胜。

法军溃败之后，收缩在谅山、文渊两个据点，企图休整军队，卷土重来，冯子材乘胜前进，不给敌人以喘息的机会。3月26日攻克文渊，29日收复中越边境军事重镇谅山。至此，法国侵略者被彻底赶出了中国的领土。

冯子材凯旋之时，沿途居民举鱼灯，燃爆竹，拜迎30余里。诗人黄遵宪作《冯将军歌》，颂扬冯子材：

将军气涌高于山，看我长驱出玉关。
平生蓄养敢死士，不斩楼兰今不还。

动脑筋

（1）请仔细阅读本篇故事，具体指出和分析中国军队两次大捷的原因。

（2）法国侵略者不胜而胜，中国却不败而败的奇耻大辱说明了什么问题？经历了这种奇耻大辱，冯子材和中国军民抗击外国侵略者的行为是否就没有意义了呢？

视死如归

阅读提示

在中国几千年漫长的封建社会中，曾经涌现过多少为改革事业而壮烈献身的仁人志士：车裂而死的公孙鞅、忧愤而亡的王安石……直到近代戊戌变法中英勇就义的“六君子”。

在他们身上，都涌动着振兴国家与民族的满腔热血；在他们身上，都激扬着励精图治、一往无前的万丈豪情；在他们身上，无一例外地都充满着视死如归的大无畏精神。

谭嗣同，就是他们之中杰出的代表，也是这种视死如归大无畏精神的崇高代表。

讲故事

谭嗣同是湖南浏阳人，1865 年 3 月 10 日出生于一个世代官宦的家庭。他自幼聪慧好学，刚满 10 岁，便跟从具有变革思想的著名学者欧阳中鹄学习，后来又在名扬幽燕的大刀王五门下学艺，因而练就了一身文武双全的本领。而最可贵的是，从青年时代起，他就立下了振兴民族、报效祖国的宏大志向。“世间无物抵春愁，合向苍冥一哭休；四万万人齐下泪，天涯何处是神州。”这首惊天地、泣鬼神的著名诗篇，就是他在甲午战败，清政府签订了丧权辱国的《马关条约》之后痛心疾首写下的。正是这种忧国忧民的情怀，使他终于走上“酌取西法”，救亡图存的改革之路。

1897年开始，他在家乡湖南倡导设立南学会，筹划出版《湘报》，开展变法维新的组织和宣传工作。在南学会，他发表了《中国情形危急》《论今日西学与中国古学》等演讲，谴责当时政府腐败、官权太重，使“平等亡，公理晦”。他大声疾呼：“君王是什么？他应是为天下人办事的。如果君主不善，骄纵否塞，不替天下人办事，老百姓就有权废掉他。”

谭嗣同的言行，理所当然地遭到守旧派分子的疯狂反对。一些抱着改良主义思想的人怕冒风险，也畏缩不前了。但谭嗣同和矢志变法的战友们，却坚持着“横眉相仇”“杀身灭族”的“勇敢之风”，同守旧派分子进行了针锋相对的斗争。

1898年6月11日，光绪皇帝下令实行新政，谭嗣同应诏入京。赴京前，他再三嘱咐妻子李闰“视荣华为梦幻，视死辱为常事”，表现了他矢志变法，不惜牺牲一切的崇高气节。

同历史上任何一次变法一样，这次变法也不得不触犯一些守旧势力的既得利益，因而必然遭到他们的疯狂反抗。以慈禧太后为首的守旧势力凭借他们手中的实权对改革派进行了一次又一次的反扑，最后，阴谋趁光绪皇帝去天津阅兵，逼其退位。光绪皇帝闻讯惊慌失措，密诏维新派“妥速密筹，设法相救”。

在这千钧一发之际，谭嗣同只身一人，游说手握重兵的陆军督办袁世凯。见面后，谭嗣同开门见山地问袁世凯：“你认为皇上是怎样一个人？”袁世凯答道：“旷代之圣主。”谭嗣同又问道：“天津阅兵欲罢黜皇帝之事，你可知道？”袁世凯答道：“听到一些传闻。”这时谭嗣同十分郑重地说：“今天可以救‘圣主’的，只有你一人了。你若愿意，就救；若不愿意救……”谭嗣同横起手在自己脖子上一划，接着说：“可以向西太后告发，获得荣华富贵。”袁世凯听了，板起面孔说：“你把我袁某看成什么人了……”随后便和谭嗣同商量救皇上的事，并且约定了具体的办法。

然而就是这个袁世凯，一面假意应承了谭嗣同，一面却暗地里向守旧派荣禄告了密。9月21日凌晨，慈禧太后发动政变，再次“临朝听政”，软禁了光绪皇帝，变法维新运动终归失败。

几乎与此同时，守旧势力四处搜捕变法志士。在这危急时刻，许多人纷纷出逃：变法领袖康有为在英国人掩护之下逃往香港，梁启超化装逃亡日本……只有谭嗣同不怕杀头，能逃而不逃。日本友人曾劝谭嗣同赴日本大使馆避难，大刀王五也愿当保镖掩护谭嗣同出逃，都被他一一拒绝了。他说：“各国变法，无不以流血而成，今日中国未闻以变法而流血者，此国之所以不昌也。有之，请自嗣同始！”

1898年9月24日，谭嗣同在浏阳会馆的“莽苍苍斋”被捕。入狱后，他口吟一绝，并用一块煤核写在牢房的墙壁上，这就是后人广为传诵的《狱中题壁》：

望门投止思张俭，
忍死须臾待杜根。
我自横刀向天笑，
去留肝胆两昆仑。

诗中前两句提到的张俭和杜根都是东汉时期刚正直言的忠臣。张俭被迫逃亡时，人们敬佩他的人品，冒着风险接待他。杜根被皇太后下令装进口袋摔死，执法的人却手下留情，让他偷偷活了下来。在这里，谭嗣同虽然是借前者说明出逃的康有为、梁启超会像张俭那样受到人们的救护，而借后者自比忍死的杜根却又不抱存活的侥幸心理，一句“我自横刀向天笑”，何其英雄，又何其悲壮！

康、梁出逃时，谭嗣同还说过：“不有留者，无以酬圣主；不有去者，无以图将来。”他不仅自己坚持要留下来，用生命和鲜血写下变法运动最壮烈的一笔，同时又坚决支持出逃的同志，保全实力，继续未完成的事业。因为在他看来，“去留肝胆两昆仑”。两种人的品德和精神，都是可以像昆仑山一样伟岸和高大的。

这首气壮山河的诗歌，不但充分显示了谭嗣同慷慨赴难的崇高精神，同时也映照出谭嗣同以大局为念，以同志为念，以改革为念，以国家为念，对未来寄托了无限希望同时又充满坚定信心的无比宽广的胸怀。

1898年9月28日，谭嗣同与其他五位变法志士杨锐、林旭、刘光第、杨深秀、康广仁一起在北京菜市口英勇就义。临刑前，谭嗣同神态自若，视死如归，口中念道：“有心杀贼，无力回天；死得其所，快哉快哉！”

谭嗣同牺牲时，年仅33岁。

动脑筋

变法失败后，谭嗣同为什么能逃而不逃？他这样做值不值得呢？为什么？